论灵魂的激情

〔法〕勒内·笛卡尔 著

贾江鸿 译

René Descartes

LES PASSIONS DE L'ÂME

本书根据 Librairie Générale Française 版译出

译 序

一、《论灵魂的激情》的写作背景

《论灵魂的激情》于1649年11月在阿姆斯特丹和巴黎出版发行，是笛卡尔生前公开出版的四部著作[1]的最后一部。在书中，笛卡尔集中阐述了自己的道德哲学和人类学[2]思想。在笛卡尔看来，与探讨形而上学问题（这需要依据思维这个原初概念）和物理学问题（这需要依据广延这个原初概念）不同，考察与激情相关的诸种问题——激情的定义、激情的分类、激情的用途与危害以及对其危害性的补救等，则必须依靠第三个原初概念[3]，即作为灵魂和身体的统一体的人这个不可怀疑、确

---

[1] 另外三部著作分别是：《谈谈方法》、《第一哲学沉思集》和《哲学原理》。
[2] 这是笛卡尔哲学研究专家Rodis-Lewis Geneviève在其专著《笛卡尔的人类学》中解释笛卡尔哲学的术语。
[3] 关于笛卡尔的三个原初概念的思想，请参见笛卡尔于1643年6月28日写给伊丽莎白公主的信，载于《笛卡尔与伊丽莎白以及其他人的一些通信》，巴黎，富拉马庸出版社，1989年，第73-74页。

定无疑的天赋观念。也就是说，现在我们既不是面对纯粹的精神，也不是面对纯粹的物体，而是面对一个"单一"[1]的个体，而激情正是这个作为统一体的、"单一"个体的人所必须经历的具体现象。正是在探讨如何补救激情可能会给我们带来的伤害这个问题时，笛卡尔提出了自己的道德哲学的最基本概念——宽宏（la générosité），表达了自己的道德哲学思想，从而在一定程度上完善了自己的哲学体系。[2]

对作为灵魂和身体的统一体的人的探讨，以及对激情问题的探讨，其直接的原因就是笛卡尔与伊丽莎白公主的交往和通信。在1642年拜读了笛卡尔的《第一哲学沉思集》之后，聪明好学的伊丽莎白公主经朋友介绍结识了笛卡尔，在之后长达7年多的时间里，和笛卡尔来往书信60多封。在一开始，伊丽莎白公主就对笛卡尔在《第一哲学沉思集》中表现出来的二元论思想——笛卡尔在这本书中重点讨论了精神和物体的区分——有所疑虑，在1643年6月20日写给笛卡尔的信中，公主就直接把身心关系的问题提了出来。笛卡尔在接下来的一些回信中开始就公主的这个问题提出自己的解释，他著名的三

---

1 关于笛卡尔的三个原初概念的思想，请参见笛卡尔于1643年6月28日写给伊丽莎白公主的信，载于《笛卡尔与伊丽莎白以及其他人的一些通信》，巴黎，富拉马庸出版社，1989年，第74页。
2 我们之所以这么说，是考虑到笛卡尔在《哲学原理》的序言中那个著名的比喻，即笛卡尔认为我们可以把形而上学当作是树根，物理学当作是树干，医学和道德哲学是树枝，由此，他认为，道德哲学是最高等级的智慧。

个原初概念的思想正是由此而来。在构思他后来题献给公主的《哲学原理》一书时，笛卡尔曾经计划写作其中的第五部分，主题就是讨论作为身体和灵魂的统一体的人的问题，但是没有实现。

激情问题是身心关系问题的一个具体难题。伊丽莎白公主之所以谈论这个问题，这和她所面临的复杂的政治和生活环境有关，公主本人经常受到悲伤等不良情绪的影响，因此身体的健康受到了损害。为此，笛卡尔曾经给她提供了一些建议，比如尽力避免思考那些令人感到悲伤的事物，放松自己的精神，多去关注大自然中的一些有趣的现象等。[1]但是，公主则回应说，这样的方法并不十分管用，因为"有些疾病完全可以脱离理性的掌控力量，而使我们不能享受理性的愉悦；有些疾病则会削减理性的力量，使我们不能追随良知为我们制定的行事准则，使我们极为轻易地被一些激情所带走，从而更加受到无常命运的影响……"[2]由此，伊丽莎白公主希望笛卡尔能"对激情做出界定"，[3]以便能更好地来认识和控制我们的各种激情，从而能拥有真正的幸福。

在1646年，经时任法国驻瑞典大使夏努（Chanut）的牵

---

[1] 参见笛卡尔在1645年5月或6月写给伊丽莎白公主的信，《笛卡尔与伊丽莎白以及其他人的一些通信》，第102页。
[2] 1645年8月16日伊丽莎白公主写给笛卡尔的信，同上，第114页。
[3] 1645年9月13日伊丽莎白公主写给笛卡尔的信，同上，第130页。

线搭桥,酷爱哲学的瑞典女王克丽丝汀和笛卡尔有了书信往来。女王感兴趣的是爱、幸福等道德问题以及宇宙结构的问题。前一个问题和笛卡尔正在思考的激情问题显然是相关的,因此,在1647年,笛卡尔曾经把完成的《论灵魂的激情》的前两个部分寄给了女王,这又促成了他的瑞典之行。

当然,我们可以把笛卡尔对身心统一问题和激情问题的探讨放在笛卡尔本人的理论层面上来加以考察。在1633年左右完成的《论人》中,笛卡尔在文章的开篇曾经这样来设计自己的哲学之路:"我们这些人是由一个灵魂和一个身体组成的。因此,我首先应该单独地解释一下我们的身体,其次是单独地考察一下我们的灵魂,最后我会给你们指出这两种性质是如何相连和联合在一起,从而组成人的。"[1]我们知道,《论人》的一个基本工作就是纯粹从机械学的角度来解释身体的运作情况,从而把身体比喻成了一架机器,《第一哲学沉思集》则是考察精神或灵魂的问题,从而为整个科学知识的大厦寻找到了真正的"阿基米德之点",因此,在完成了这两个工作之后,笛卡尔现在来思考身心统一的问题,至少从表面上来说,这正是笛卡尔本人在按部就班地推进自己的理论进程。在这个意义上,伊丽莎白公主与笛卡尔的通信其作用就在于进一步督促笛卡尔去完成他早已为自己规划好的哲学任务。

---

[1] 笛卡尔:《著作与书信》,巴黎,伽利马出版社,1999年,第807页。

在 1618 年完成的《音乐简论》中，笛卡尔这样写道："音乐的对象是声音。其目标就是使我们高兴，并在我们心中激发起各种各样的激情。"[1] 笛卡尔考察了对我们形成各种各样冲击的不同气流，并分别思考音乐可能在我们的灵魂中激发起来的每一种激情。换言之，在笛卡尔看来，每一种音乐产生的空气振动在我们的灵魂中都有与其相对应的一种激情。因此，依据笛卡尔的观点，激情的产生是一种纯粹物理的和机械的过程，它必然遵循着自然的秩序，即一种我们后来都知道的数学性的必然秩序。在《论人》当中，笛卡尔更是从身体是一部机器这样的立场出发来谈论激情问题，在他看来，所谓激情正是由血液循环、动物精气（l'esprit animal）、神经、肌肉等的运动所维持的身体这部机器在运行过程中的必然现象。笛卡尔把激情看作是身体的某种内在感觉（sentiment intérieur），即一种身体自身不同的自然秉性和倾向（humeurs ou inclinations natuelles）。这些自然秉性和倾向主要包括仁慈（bonté）、大方（libéralité）、爱（l'amour）、渴望（désir）、高兴的秉性（l'humeur joyeuse）、悲伤的秉性（l'humeur triste）和生气的秉性（l'humeur colérique）等。在《哲学原理》的第四部分第 190 节中，笛卡尔进一步明确了自己的这种关于激情的看法和定义。至此，依据笛卡尔在上述几部著作中的观点，激情完

---

[1] 笛卡尔：《哲学著作集》第 1 卷，巴黎，杜瑞出版社，1997 年，第 30 页。

全是一种遵循着物理学自然秩序的必然产物,是外在事物在我们的身上引发的一种必然反应。

但是,随着自己的哲学任务的转变——即从分别对身体和灵魂的考察转向对灵魂和身体的统一性关系的探索,加之与伊丽莎白公主的交往和对身心问题的不断探讨,笛卡尔终于在《论灵魂的激情》中为我们展现出了一种成熟的,和之前他自己的思考有着根本差异的激情理论。[1]

根本的差异在于,如果说之前在《论人》等文本中,笛卡尔主要从物理的、机械的角度来看待激情,把激情当作一种遵循着必然的数学秩序的产物,从而更多地向我们展现的是激情的一种被动性的话。那么,现在,笛卡尔则从身体和灵魂的统一性关系角度来思考激情问题,把激情看作是一个"单一"的个体面对各种各样的现实处境所做出的具体反应,[2]从而在一定程度上向我们展现的不再是一种纯粹的身体的被动性,而是搀杂着我们的主观的因素在内的一种更为复杂的特性。换句话来说,激情既不能完全归结为物理的必然性法则,也不能归结为精神的纯粹主动性法则,激情有其自身的独特性。简单来说,激情的这种独特性就在于,一方面,灵魂的

---

[1] 笛卡尔甚至认为他自己是历史真正探讨激情问题的第一人。
[2] 在《论灵魂的激情》的第一条中,笛卡尔写道:"尽管施动者和被动者通常非常不同,而行动和激情则总是一个东西,是依据两个不同的相关主体给出的两个不同的名称",由此,作为一种行动的激情显然并不能完全被动的。

激情必须以一定的身体的生理性活动为基础（在这一点上，它和纯粹精神的内在情感——比如对上帝的基于纯粹知性的领会下的爱——不同），需要依赖身体中的血液、动物精气、神经、肌肉等的活动，从而在一定程度上体现了一种被动性的特征；另一方面，灵魂的激情更是灵魂自身的一种知觉行为，[1]它的维持和加强，甚至在一定情况下，它的产生也需要依赖人的经验、理性和意志，因此同时也就体现了一种主动性的内涵。同时拥有被动性和主动性显然是生活中的人的一种现实处境。可以说，这完全符合笛卡尔在《第一哲学沉思集》中对人的定位："我注意到在我的思维中不仅出现一个实在的、肯定的上帝的观念，或者说一个至上完满的存在者的观念，同时，姑且这样说，也出现了一个否定的'虚无'的观念，也就是说，与各种类型的完满性完全相反的观念，而我好像就是介于上帝和虚无之间的，也就是说，我被放在至上的存在者和非存在者之间……"[2]也就是说，依据笛卡尔在这里的观点，人既不是纯粹的否定性的、被动性的存在，也不是绝对肯定性的、主动性的存在。在被动性当中拥有一种主动性，

---

[1] 在《论灵魂的激情》的第二十五条中，笛卡尔写道："尽管所有的知觉，即不管是我们把它们与外在的物体相连的知觉，还是我们把它们与我们身体自身的各种反应相连的知觉，当我们在最广泛的意义上使用激情这个词的时候，它们在我们的灵魂看来都确实是激情，但是我们还是习惯于把这个词进行一下限定，用它来只指示那些相连于灵魂自身的知觉。"

[2] 笛卡尔：《第一哲学沉思集》，北京，商务印书馆，1998年，第56-57页。

这恰恰是人的生命的意义所在。正是由此，我们才能更好地理解笛卡尔在《论灵魂的激情》的结尾处的话语："灵魂可以自己拥有自己的快乐。但是与灵魂和身体都有所关联的快乐，就完全相关于人们的激情了，这样，那些最容易受激情驱动的人也就能品尝到生活中最甜美的滋味。当然，在他们不知道如何掌控自己的激情，并且其命运也不佳时，他们也可能体会到生命中最苦涩的内涵。但是，在这里，智慧是很有用的，它可以教会人们去做自己激情的主人，并且巧妙地对它们加以安排和控制，这样，这些激情可能引发的不良后果，就变得完全可以忍受了，甚至人们可以从所有这些事情中感受到一种快乐。"[1]

二、《论灵魂的激情》的结构和内容

《论灵魂的激情》由三个部分组成，分别是：第一部分"一般性地谈论激情并间或谈论人的全部本性"；第二部分"激情的数量和次序以及对六种基本激情的解释"；第三部分"一些特别的激情"。其中第一部分，笛卡尔在对灵魂和身体的功能进行区分并加以分别考察之后，详细阐释了自己的激情概念，激情的基本用途，灵魂与身体的关系以及灵魂对激情的可能

---

[1] 本书第162页。

控制能力。第二部分则依据感官被对象推动的方式[1]来清点和安排激情的基本次序。主要介绍了六种最基本的激情：惊奇、爱、恨、渴望、高兴和悲伤（包括一些分别归属于这六种激情的其他激情），详细考察了这些激情产生的具体原因、生理表现、可能的用途和危害以及相关的补救办法等。第三部分主要探讨了一些相对来说比较特别的激情，即或者是别人不大看作是激情的激情，比如重视、宽宏；或者是不能简单地进行归类，其成因比较复杂的激情，比如敬重。在其中，笛卡尔重点为我们呈现了他的道德哲学的最基本概念——宽宏，把它看作是能够帮助我们面对和弥补激情可能给我们带来的危害的最重要的武器。

第一部分"一般性地谈论激情并间或谈论人的全部本性"是笛卡尔谈论激情问题的理论指导。笛卡尔首先阐释了讨论激情问题的基本原则，即坚持灵魂功能和身体功能相区分的立场。因为在他看来，既然灵魂和身体是一个统一体，灵魂的激情实际上就直接表现为身体的活动，由此，如果我们完全把灵魂和身体的功能混为一谈的话，其实就很难真正搞清楚激情的本来内涵。在第五条中，笛卡尔写道："通过这种思想，我们将避免一个曾让一些人迷失于其中的重大错误，在我看来，这个错误就是阻止人们直到现在都不能很好地解释激情和别的属于灵

---

[1] 笛卡尔认为，激情"被灵魂接受的方式和外感官的对象被灵魂所接受的方式是一样的"，参见第二十五条。

魂的东西的首要原因。这个错误在于，当人们观察到所有死去的身体都会丧失热量并继而不再运动的现象时，人们就想当然地认为正是灵魂的缺失才导致了运动的停止和热量的丧失。由此，人们就盲目地相信我们的自然热量和所有的身体的运动都取决于灵魂……"[1]在随后的文本中，笛卡尔首先仔细考察了身体的具体功能，其中包括心脏的具体构造、血液的自然循环、动物精气在大脑中的运行以及与神经、肌肉活动的关联，在笛卡尔看来，身体的这些运动是可以在没有灵魂参与的情况下自行运行的，"所有那些在我们的意志没有参与的情况下做出的运动（比如那些通常在我们身上发生的现象，呼吸、行走、吃东西，以及所有那些我们做出的对于动物来说都是一样的运动）就仅仅取决于我们的肢体构造以及那些被心脏的热量所激发的动物精气，取决于它们在大脑、神经和肌肉中的自然流动过程"。[2]之后，笛卡尔又详尽地探讨了灵魂的运作情况，"在如此地考察了所有那些仅仅归属于身体的功能之后，就很容易再来认识那些我们身上剩下的仅仅应该归属于我们的灵魂的东西，即我们的思维了。这些东西基本上有两类，一类是灵魂的行动；另一类是灵魂的激情。那些我称之为灵魂的行动的东西

---

[1] 本书第5页。依据笛卡尔的观点，亚里士多德和托马斯·阿奎那所坚持的灵魂是身体的形式的思想显然不足以解释激情的问题，因为这样的思想很容易就使我们认为灵魂是身体行动的源动力，从而不能真正区分灵魂和身体的功能，不能真正解释激情的生理学基础及其本性。

[2] 第十六条，本书第16页。

就是我们所有的意志活动,因为我们体验到它们都直接地来自于我们的灵魂,并且又仅仅取决于我们的灵魂。而相反,我们则可以大体上把我们身上所有种类的知觉或认识称之为灵魂的激情,因为通常这并不是我们的灵魂使它们如此这般地成为这个样子的,而是我们的灵魂从这些知觉或认识所表象的事物那里接受了它们"。[1]笛卡尔分别对灵魂的意志、知觉、想象等行为进行了界定,并进而提供了一个完整的激情的定义,"我们可以一般地把这些激情确定为一些知觉,或一些感觉,或一些灵魂的情感,它们特别地相关于我们的灵魂,而且是被一些动物精气的运动所引发、维持和增强的"。[2]在笛卡尔看来,从广义上来说,灵魂的激情包括所有种类的知觉[3]:与外在物体相关的知觉(比如对外界钟声的感觉或由此引发的胡思乱想),与身体自身相关的知觉(比如对冷热的感觉)以及与灵魂自身相关的知觉(比如爱和恨)。而在这本书中,笛卡尔希望探讨的是狭义上的灵魂的激情,即与灵魂自身相连的知觉。在这里,无论是广义上的与激情相关的知觉,还是狭义上的与激情相关的知觉,都不再仅仅指笛卡尔在早期从认识论角度上所探讨的确定的认识性的知觉,而更多地是一种混杂、模糊的思维。[4]

---

[1] 第十七条,本书第16-17页。
[2] 第二十七条,本书第23页。
[3] 参见第二十五条,本书第21-22页。
[4] 参见第二十八条,本书第23-24页。

进一步，依据笛卡尔的观点，与灵魂自身相关的知觉也有两种类型，分别是"仅仅由灵魂引发的"[1]，且只停留在灵魂内部的知觉[2]和需要依赖身体活动的知觉[3]，前者，笛卡尔称之为灵魂的"内在情感"（les émotions intérieurs），后者就是笛卡尔在这里重点讨论的主题。

在第二部分"激情的数量和次序以及对六种基本激情的解释"中，笛卡尔主要介绍了六种基本的激情（别的激情都隶属于它们）：惊奇、爱、恨、渴望、高兴和悲伤。其中，惊奇这种激情是笛卡尔自己的一个发明。我们知道，在亚里士多德那里，最基本的激情是快乐和痛苦，从它们当中派生出来的有愤怒、温和、爱、恨、恐惧、羞耻、善意、怜悯、义愤、嫉妒和好胜等，[4]其中并没有惊奇。托马斯·阿奎那在其《神学大全》中列举了11种激情，包括爱、恨、渴望、逃避、快乐、哀愁、希望与失望，畏惧与勇敢，发怒等，其中也没有惊奇。笛卡尔

---

[1] 第二十九条，本书第24页。
[2] 参见第十八条和一百四十七条，本书第17页，第115页。在笛卡尔看来那些与物体性事物无关的，仅仅相关于纯粹精神性事物的知觉就是这种类型的知觉。
[3] 正是在这个意义上，笛卡尔谈到了激情的基本效果，"它们驱动和促使人们的灵魂去意愿那些它们为之在身体上有所准备的东西，由此，害怕的感觉促使灵魂想逃跑，勇敢的感觉则使灵魂希望战斗，或者其他类似的行为"，而纯粹灵魂的内在情感则不具备这样的指向。
[4] 亚里士多德：《亚里士多德全集》，第9卷，苗力田主编，中国人民大学出版社，1994年，第416页。

哲学的继承者斯宾诺莎在其《伦理学》中也不认为应该特别地把惊奇当作一种激情。笛卡尔的这种做法显然和他的理性主义思想有关。这种关联一方面在于，笛卡尔在这里首先遵循了认识论的原则来清点激情的数量，并进一步来安排激情的次序，也就是说，依据笛卡尔的观点，激情的出现首先需要我们对相关的对象有一定的认识（哪怕是经验性的认识），只有在这种认识的前提下，才会有对相关对象的爱、恨、渴望，才会有或高兴或悲伤的反应；另一方面，这种关联在于笛卡尔在这里遵循了自己的认识论方法——"普遍的马特西斯"的方法，依据这种理性主义的方法，我们首先需要找到激情当中的最简单项或绝对项，即惊奇，因为在笛卡尔看来，惊奇本身和事物的好坏无关，并不存在与之相对的激情，而且惊奇也与时间无关。[1] 正是依据这种理性主义的认识论原则和方法，笛卡尔逐步考察了惊奇等六种最基本的激情的性质、产生、具体的身体表现。

笛卡尔从身体和灵魂两个方面来考察这些激情的基本用途。一方面，从身体的角度来说，这些激情就在于"激发灵魂使其同意并促成一些这样的行动，这些行动可以用来维系身体的存在或使身体以某种方式变得更加完善"，[2] 因此从这个意义

---

[1] 别的激情，比如说渴望，尽管也没有与之相对的激情，但是，渴望和事物的好坏相关，与时间相关。
[2] 第一百三十七条，本书第105页。

上来说，悲伤和高兴是最有用的激情，特别是悲伤，因为"因为拒绝那些有害的并且可能摧毁我们的东西，这要比获得一些可以使我们更加完美，而没有它们我们也能自我维持的东西更为重要"；[1] 另一方面，从灵魂的角度来说，这些激情可以使我们去接近那些对我们有益的东西，而远离那些对我们有害的事物。笛卡尔认为在这个意义上，爱和恨是最有用的，特别是爱，因为"爱和恨来自于人们的认识，……而当这种认识是真实的，也就是说，它让我们去喜爱的对象的确是好东西，而且它使我们去恨的对象的确是不良的，那么，爱绝对要比恨更好，它不会过于强烈，也不会不使我们感到高兴"。[2] 但是，在同时，灵魂的这些激情也有可能对我们形成某种损害（无论是身体上的还是精神上的），由此，笛卡尔指出，能对这些激情的可能危害加以补救的，就是我们的德性（德性本身就是一种灵魂的内在情感[3]），因为，它们"比那些与它们相伴而又并不相同的激情对我们具有更大的影响力，……只要我们的灵魂在其内部有自己满意的东西，那么所有来自别处的麻烦都不会对它有任何的损害，而相反却会增加它高兴的程度……"[4]

在第三部分"一些特别的激情"中，笛卡尔进一步考察了

---

[1] 第一百三十七条，本书第105页。
[2] 第一百三十九条，本书第107页。
[3] 参见第一百四十七、一百四十八条，本书第114-116页。
[4] 同上。

作为灵魂的某种内在情感（当它伴随着一些相关的身体活动时也是激情）或习惯的德性[1]——宽宏。从个人自身来说，宽宏"一方面只是在于，他知道：真正属于自己的东西就是对自己意志的自由支配，除了良好地或糟糕地运用自己的意志之外，没什么可以使自己受到赞扬或责备；另一方面则在于，他在自身中感受到了一种因为很好地运用了自己的意志而带来的坚定和忠贞的决心，也就是说，他从来不会缺乏从事和执行自己认为是最好的事情的意愿。而德性恰恰就由此而来"。[2] 从与他人的关系角度来说，宽宏意味着对他人自由意志的尊重——由此我们不会去蔑视别人[3]，以及对他人利益足够的重视（甚至超过对自己的重视）。[4] 笛卡尔认为，能拥有这种情感或德性的人就能成为"自己激情的主人，特别是渴望、嫉妒、欲求这些激情，他们都能加以控制，因为对于那些并不取决于他们自己的东西，他们根本不会认为值得去多加思考；他们也能控制对他人的憎恨，因为他们重视所有人；他们也不会有所害怕，因为他们在自己德性上的信心可确保他们无所畏惧；最后，他们也能控制自己不去发脾气，因为他们很少只重视那些仅仅取决于别人的东西，他们从不会过多地注意自己的对手，不会总是想自己曾

---

[1] 参见第一百六十一条，本书第 128-129 页。
[2] 第一百五十三条，本书第 121 页。
[3] 参见第一百五十四条，本书第 121-122 页。
[4] 参见第一百五十六条，本书第 123 页。

经被他们侵犯过"。[1]

笛卡尔认为，激情"从本性上来说都是好的"，[2]由此，他把人生善恶的责任归咎为灵魂自身的能力。灵魂的这种能力首先就在于它是否真正拥有对事物的理性认识（包括对自己的自由意志的认识——这可以帮助我们培养真正的德性，以及对具体事物的真理性认识——这也有助于我们加强对激情的控制[3]）上。其次，从更深的层面来说，笛卡尔在其道德思想中更加重视的是人的自由意志，而不是理性认识，因为理性认识（主要是理智的领会）是绝对可靠的，而且它也与具体的行动和判断无关，而自由意志则是判断和行动的直接承担者，它或者可以依据理性的认识来行事，或者可以在理性认识缺乏的情况下，来依据经验来进行判断，或者完全采取一种无所谓的态度而任由自己被激情所带走，因此，在这个意义上来说，在充满激情的生活中，真正的善恶是来自于意志，而不是理性。

1　第一百五十六条，本书第 123 页。
2　第二百一十一条，本书第 160 页。
3　参见第四十五条，本书第 35-36 页。

目录

第一部分
一般性地谈论激情并间或谈论人的全部本性

3　第一条：对于一个主体来说，作为激情的东西往往在别人看来就是行动

3　第二条：为了认识灵魂的激情，就必须要对灵魂的功能和身体的功能进行区分

4　第三条：为此，我们应该追随什么样的原则？

4　第四条：肢体的热量和运动源自于身体，思想则出自灵魂

5　第五条：相信灵魂给身体提供了热量和运动是错误的

5　第六条：什么是活的身体和死亡的身体之间的区别？

6　第七条：对一些身体部分及其功能的简要说明

8　第八条：所有这些功能的原动力是什么？

8　第九条：心脏的运动是如何进行的？

9　第十条：动物精气在大脑中是如何产生的？

10　第十一条：肌肉的运动是何以可能的？

11　第十二条：外在的物体是如何作用于我们的感觉器官的？

12　第十三条：这种外在物体的活动可以使动物精气以不同的方式进入肌肉中

14　第十四条：动物精气的差异也可以使它们的运动有所不同

14　第十五条：造成这种差异的原因

15　第十六条：所有的肢体如何能在没有灵魂参与的情况下被感觉对象及被动物精气所推动？

16　第十七条：什么是灵魂的功能？

17　第十八条：关于意志

17　第十九条：关于知觉

18　第二十条：关于想象和别的由灵魂构成的思维

18　第二十一条：关于那些仅仅由身体引起的想象

19　第二十二条：关于其它一些知觉的相互区别

20　第二十三条：关于那些我们把它们与外在的物体相连的知觉

20　第二十四条：关于那些我们把它们与我们的身体相连的知觉

21　第二十五条：关于那些我们把它们与我们的灵魂相连的知觉

22　第二十六条：那些仅仅由精气的偶然运动所引发的想象，它们和由神经所引发的知觉一样，都可能是真正的激情

23　第二十七条：灵魂的激情的定义

23 第二十八条：对这个定义的第一部分的解释

24 第二十九条：对这个定义的其它部分的解释

25 第三十条：灵魂是与身体的所有部分都相联在一起的

25 第三十一条：在大脑当中有一个小腺体，灵魂在那里要比在别的部位更特别地发挥着它的作用

26 第三十二条：我们是如何认识到这个小小的腺体就是灵魂的基本处所的？

27 第三十三条：激情发生的处所不是在心脏

28 第三十四条：灵魂和身体是如何互相驱动的

29 第三十五条：举例解释一些物体的印象在大脑中央的这个腺体中相联合的方式

29 第三十六条：举例说明激情在灵魂中被激发的方式

30 第三十七条：如何说激情完全是由动物精气的某些运动引起的？

31 第三十八条：关于那伴有激情并且不是由灵魂所引起的身体运动的例子

31 第三十九条：一个相同的原因为什么会在不同的人身上引发不同的激情？

32 第四十条：这些激情的基本效果是什么

32 第四十一条：就身体方面而言，灵魂的能力是什么

33 第四十二条：人们如何能在自己的记忆当中找到自己想要回忆的东西？

34 第四十三条：灵魂如何能进行想象、集中注意并驱动身体？

目录   3

34　第四十四条：每一个意志活动都是自然地相连于这个小腺体的某个运动的，但是，通过某种特别的努力或者习惯，人们也能把意志与别的运动相连

35　第四十五条：对于灵魂的激情来说，灵魂的能力是什么？

36　第四十六条：使得灵魂不能完全掌控自己的激情的原因是什么？

37　第四十七条：人们习惯于想象的在灵魂的低级和高级部分之间存在的冲突是怎样的

39　第四十八条：人们如何能看出灵魂是具有力量还是软弱无力，并且软弱的灵魂真正欠缺的又是什么？

40　第四十九条：如果没有对于真理的认识，灵魂的力量是不足的

41　第五十条：并不存在这样的灵魂，他如此的虚弱以至于通过恰当引导也不能获得对激情的绝对控制力量

第二部分
激情的数量和次序以及对六种基本激情的解释

47　第五十一条：激情产生的首要原因是什么？

47　第五十二条：激情的作用是什么，我们如何能对它们进行清点？

48　第五十三条：惊奇是什么？

49　第五十四条：重视和轻视，宽宏或傲慢，谦逊或无耻

49　第五十五条：崇敬和蔑视

49　第五十六条：爱和恨

4　　　　　　　　　　　　　　　　　　　　　　　　论灵魂的激情

50　第五十七条：渴望

50　第五十八条：期望、担心、嫉妒、安心和失望

51　第五十九条：犹豫、勇敢、果断、好胜、怯懦和惊恐

51　第六十条：悔恨

52　第六十一条：高兴和忧伤

52　第六十二条：嘲笑、羡慕、怜悯

53　第六十三条：自我满足和懊恼

53　第六十四条：好感和感谢

53　第六十五条：义愤和发怒

54　第六十六条：光荣和羞愧

54　第六十七条：反感、遗憾和喜悦

54　第六十八条：为什么这种对激情的清点和我们一般所接受的相关认识并不相同？

55　第六十九条：只有六种原初的激情

56　第七十条：关于惊奇，它的定义和起因

57　第七十一条：在这种激情中，人们的心脏和血液不会有任何的变化

57　第七十二条：惊奇的力量在于什么？

58　第七十三条：什么是惊愕？

59　第七十四条：所有的激情都具有什么作用，它们的危害又是什么？

59　第七十五条：特别说来，惊奇的作用是什么？

60　第七十六条：惊奇是如何能给我们造成危害的，我们又怎样才能弥补它的缺陷并对其过度性进行纠正？

61 第七十七条：那些最愚蠢、最机灵的人都不是最易于陷入惊奇的人

61 第七十八条：如果人们对过度的惊奇缺乏节制，那么它就会转化成人们的一种习性

62 第七十九条：爱和恨的定义

63 第八十条：有意识地亲近或保持距离是什么意思？

63 第八十一条：在欲念之爱和慈善之爱之间，人们习惯做的区分是什么？

64 第八十二条：这些极为不同的激情是如何都能分有爱的？

65 第八十三条：简单的喜爱、友爱和虔诚之爱之间的区别

66 第八十四条：恨并没有和爱同样多的种类

67 第八十五条：关于欣赏和憎恶

68 第八十六条：渴望的定义

68 第八十七条：这是一种并没有对立面的激情

69 第八十八条：渴望有哪些不同的种类？

70 第八十九条：什么是出自憎恶的渴望？

70 第九十条：什么是来自欣赏的渴望？

71 第九十一条：高兴的定义

73 第九十二条：悲伤的定义

73 第九十三条：这两种激情的起因

74 第九十四条：这些激情是如何通过只是相关于身体的善或恶而被激发起来的，什么是舒服和痛苦？

75 第九十五条：它们又是如何能通过那灵魂不曾注意到的善或恶——尽管这些东西和它相关——而被激发起来的。人们通过勇敢地面对困难或回忆过去不好的事情所获得的快乐是怎么回事？

76 第九十六条：引起上述五种激情的血液和动物精气的运动是怎样的？

77 第九十七条：那些可以帮助我们认识爱中的这些相关运动的基本体验

77 第九十八条：恨时的身体运动

78 第九十九条：高兴的情况

78 第一百条：悲伤的情况

79 第一百零一条：渴望

79 第一百零二条：在爱的时候血液和动物精气的运行

80 第一百零三条：在恨的时候血液和动物精气的运行

81 第一百零四条：在高兴的时候血液和动物精气的运行

81 第一百零五条：在悲伤的时候，血液和动物精气的运行

82 第一百零六条：在渴望的时候，血液和动物精气的运行

82 第一百零七条：在爱的时候，这些血液和动物精气运行的原因

83 第一百零八条：在恨的时候，它们运行的原因

84 第一百零九条：高兴时，血液和动物精气运行的原因

85 第一百一十条：在悲伤的时候，血液和动物精气运行的原因

85 第一百一十一条：在渴望的时候，血液和动物精气运行的原因

86 第一百一十二条：这些激情的外在表现是怎样的？

87 第一百一十三条：眼睛和脸部的活动

目录　7

88 第一百一十四条：皮肤颜色的变化

88 第一百一十五条：高兴是怎样让人脸色变红的？

89 第一百一十六条：悲伤是如何让人变得脸色苍白的？

89 第一百一十七条：悲伤的时候人们的脸色怎么会变红？

91 第一百一十八条：颤栗

91 第一百一十九条：关于无精打采

92 第一百二十条：无精打采又是如何被爱和渴望的激情引发的？

93 第一百二十一条：无精打采也可以被别的激情所引发

93 第一百二十二条：关于昏厥

94 第一百二十三条：为什么人们在悲伤的时候不会昏厥？

94 第一百二十四条：笑

95 第一百二十五条：为什么笑并不会和最大的高兴相伴随？

95 第一百二十六条：笑得以产生的基本原因是什么？

96 第一百二十七条：愤慨时人发笑的原因

98 第一百二十八条：流眼泪的起因

98 第一百二十九条：蒸汽是如何转化成水的？

99 第一百三十条：使眼睛感到疼痛的事物是如何引发泪水的？

100 第一百三十一条：悲伤时，人们为什么会流泪？

100 第一百三十二条：伴有眼泪的呻吟

101 第一百三十三条：为什么小孩和老人更容易流泪？

102 第一百三十四条：为什么有的小孩会变得脸色苍白，而不会流眼泪？

103 第一百三十五条：关于叹息

103 第一百三十六条：某些人身上特有的一些激情效果是如何形成的？

104 第一百三十七条：这里解释的五种激情，当它们与身体相关时，它们的作用是什么？

105 第一百三十八条：这五种激情的缺陷和纠正方法

106 第一百三十九条：当这些激情相关于灵魂的时候，其用途是什么？首先说爱这种激情

107 第一百四十条：恨

108 第一百四十一条：渴望、高兴和悲伤

109 第一百四十二条：与悲伤和恨相比，高兴和爱的情况

110 第一百四十三条：这些激情与渴望相关时的情况

111 第一百四十四条：关于那些其结果仅仅取决于我们的渴望

112 第一百四十五条：关于那些只取决于别的原因的渴望，以及什么是运气？

113 第一百四十六条：对于那些取决于我们以及别人的渴望

114 第一百四十七条：灵魂的一些内在情感

115 第一百四十八条：德性的训练是补救激情的最好方法

第三部分
一些特别的激情

119 第一百四十九条：重视和蔑视

119 第一百五十条：这两种激情都属于惊奇这一类激情

120 第一百五十一条：我们对自己也可以有所重视或蔑视

120 第一百五十二条：出于什么原因，人们可能会重视自己？

121 第一百五十三条：什么是宽宏？

121 第一百五十四条：宽宏使我们不去蔑视别人

122 第一百五十五条：合乎德性的谦逊是什么？

123 第一百五十六条：宽宏的属性是什么，它如何能纠正激情的所有过失？

123 第一百五十七条：骄傲

124 第一百五十八条：骄傲的作用和宽宏的作用是相反的

125 第一百五十九条：不良的谦卑

126 第一百六十条：在这些激情中，动物精气的运行是怎样的？

128 第一百六十一条：如何能达到宽宏？

129 第一百六十二条：敬重

130 第一百六十三条：鄙视

130 第一百六十四条：这两种激情的作用

131 第一百六十五条：关于期望和担心

131 第一百六十六条：关于安心和失望

132 第一百六十七条：关于嫉妒

132 第一百六十八条：在何种情况下这种激情是可接受的？

133 第一百六十九条：这种激情在什么情况下应受批评？

134 第一百七十条：关于犹豫不决

135 第一百七十一条：关于勇气和果敢

135 第一百七十二条：关于好胜

136 第一百七十三条：果敢如何取决于期望？

137 第一百七十四条：关于怯懦和害怕

137 第一百七十五条：怯懦的用途

138 第一百七十六条：害怕的用处

138 第一百七十七条：关于内疚

139 第一百七十八条：关于嘲笑

140 第一百七十九条：为什么那些最有缺陷的人总是最爱嘲笑别人？

140 第一百八十条：嘲讽的作用

140 第一百八十一条：嘲讽中笑的作用

141 第一百八十二条：关于嫉妒

141 第一百八十三条：嫉妒如何能是正当和不正当的？

142 第一百八十四条：嫉妒之人脸色比较灰暗的原因

143 第一百八十五条：关于怜悯

144 第一百八十六条：什么人最有怜悯之心？

144 第一百八十七条：为什么最宽宏的人会受到这种激情的影响？

145 第一百八十八条：什么人从来不会有这种激情？

146 第一百八十九条：为什么这种激情会使人流泪？

146 第一百九十条：关于自我满足

147 第一百九十一条：关于后悔

148 第一百九十二条：喜爱

148 第一百九十三条：感激

149 第一百九十四条：关于忘恩负义

149 第一百九十五条：关于愤慨

150 第一百九十六条：为什么愤慨在有些时候和怜悯相连，而有些时候则会和嘲笑相连？

150 第一百九十七条：愤慨通常与惊奇相伴，而且也能与高兴共存

151 第一百九十八条：愤慨的运用

152 第一百九十九条：发怒

152 第二百条：为什么那些因发怒而脸色通红的人要比那些因发怒而脸色苍白的人较少令人感到害怕？

153 第二百零一条：有两种类型的发怒，那些心地最为善良的人最容易有第一种发怒

154 第二百零二条：那些灵魂比较懦弱低下的人最容易有第二种发怒

155 第二百零三条：我们可以用宽宏来对这些过分行为进行补救

156 第二百零四条：关于光荣

156 第二百零五条：羞愧

157 第二百零六条：这两种激情的用途

157 第二百零七条：关于厚颜无耻

158 第二百零八条：厌倦

159 第二百零九条：惋惜

159 第二百一十条：欢欣

160 第二百一十一条：对激情的一般性补救方法

162 第二百一十二条：人生命中的所有善恶都只与这些激情相关

163 译后记

第一部分

一般性地谈论激情并间或谈论人的全部本性

第一条：对于一个主体来说，作为激情的东西往往在别人看来就是行动。

没有什么比古人所写的关于激情的著作，更能显示出有多少我们所拥有的从古人那里得来的学问的不完善了。因为，尽管这是一种人们总是在努力探索其知识的主题，尽管它也并不是那些最艰难的东西，因为每一个人都可以在自身中感觉到这些激情，都可以无需借助任何别人的看法来探索它们的性质，可是，古人教给我们的关于激情的东西却是很少的，而且其中的大部分都是不可信的，因此，我如果不远离古人的道路就不会有任何接近真理的希望。这就是为什么在此我不得不以像处理一个之前没有人触及过的问题的方式来写作的原因。作为开始，我认为，我们要谈论的所有发生的或重新显现出来的东西，就是在一个主体看来在他身上发生的，而被哲学家们一般地称作激情的东西，以及在一个使之发生的人看来的所谓的行动。由此，尽管施动者和被动者通常非常不同，但行动和激情则总是一个东西，是依据两个不同的相关主体给出的两个不同的名称。

第二条：为了认识灵魂的激情，就必须要对灵魂的功能和身体的功能进行区分。

同样，我认为，我们从来不曾注意到这样的事实：每一个主体对我们的灵魂采取行动要比对身体——灵魂是与之相联的——采取行动更为直接。并且，由此，我们应该想到在灵魂中的激情一般地就是身体上的行动。于是，为了达到关于激情的认识，没有比检验灵魂和身体的差异更合适的道路了，通过区分灵魂和身体，我们就可以把我们的每一种功能都分别对应于它们身上。

第三条：为此，我们应该追随什么样的原则？

如果我们能注意到如下的内容就不会遇到大的困难：所有那些我们在自己身上体验到的，那些我们看到能够在毫无生气的物体中存在的东西，就只能归属于我们的身体；同时，相反，所有那些我们自己中的，我们不能以任何方式把它们领会为可以归属于一个身体的东西，就应该被归属于我们的灵魂。

第四条：肢体的热量和运动源自于身体，思想则出自灵魂。

同样，由于我们从不会认为身体可以以任何方式进行思考，我们就有理由相信，我们中所有种类的思维都属于灵魂，并且由于我们从不曾怀疑有一些毫无生气的物体能够以我们所拥有的各种各样的甚至更多的方式来运动，也能有各种各样甚至更多形式的热量（对火的体验能让我们看到这一点，也只有火具有比我们的任何一个肢体都多的热量和运动），我们应该相信，我们身上所有的热和所有的运动，由于它们从不取决于思维，于是就只能归属于身体。

第五条：相信灵魂给身体提供了热量和运动是错误的。

通过这种思想，我们将避免一个曾让一些人迷失于其中的重大错误，在我看来，这个错误就是阻止人们直到现在都不能很好地解释激情和别的属于灵魂的东西的首要原因。这个错误在于，当人们观察到所有死去的身体都会丧失热量并继而不再运动的现象时，人们就想当然地认为正是灵魂的缺失才导致了运动的停止和热量的丧失。由此，人们就盲目地相信我们的自然热量和所有的身体的运动都取决于灵魂，而恰恰相反，我们却应该相信，当人们去世的时候，只是由于热量不再，那驱动身体的器官的腐烂，灵魂才会离去。

第六条：什么是活的身体和死亡的身体之间的区别？

因此，为了能够摆脱这个错误，我们将认为死亡的到来从来不是由于灵魂的缺失，而只是由于身体的一些基本部分坏掉了，并且，我们判断一个活人的身体与一个死人的身体的区别就如同是判断一块状态良好的手表或一台别的自动的机器与已经损坏的手表或机器的区别一样，当一块手表或别的机器装备良好，并且它自身具有物理运动的原动力（正是为此它才被组装了起来），拥有一切行动的条件的时候，它就好比是我们活的身体，而当它断裂了，并且它的原动力不再起作用时，就变成了和人们死亡的身体一样的东西了。

第七条：对一些身体部分及其功能的简要说明。

为了能够让事情变得更加明了，我将在这里花费一些笔墨解释一下我们的身体机器的构造方式。没有人不知道我们有一颗心脏，一个大脑，一个胃，一些肌肉，一些神经，一些动脉，一些静脉以及一些类似的东西。人们同样也知道我们吃进去的食物会下降到胃里，并且进入肠子里，在此，它们的汁液就会流进肝脏以及所有的静脉当中，这样就和静脉当中的血液混合在一起了，血液的数量也由此就得到了扩充。那些即使很少接受医学知识的人也进一步知道，心脏是如何构成的，静脉中的血液为何能轻易地从腔静脉流入心脏的右侧，并且如何能由此通过脉管（我们称之为动静脉[1]）进入到肺脏，继而如何从肺脏经过我们称之为静动脉[2]的脉管又再次回到心脏的左边，并在最后进入了主动脉，从而通过其所有的分支散布到整个身体。即使是古代的权威们，如果他们没有完全失明，他们愿意睁开眼睛来检查一下哈维[3]关于血液循环的见解，也不会怀疑所有身体的静脉和动脉就像小溪一样，血液正是通过它们在不停而非常迅捷地流动的：从心脏的右心室开始，通过动静脉那散布在整个肺脏中的支流而到达与之相连的静动脉，经此，血液从肺脏进入心脏的左心室，然后再在那里流入主动脉，进而通过主动脉那散布在全身的支流而流向整个身体，并且抵达腔静脉的各个支流，从而使同样的血液再一次进入心脏的右心室而开始新一轮的循环。因此，这两个心室就像两个闸门，身体中的所有血液都依次从它们这里经过。此外，人们知道，所有的肢体运动都相关于身体的肌肉，而肌肉是互相牵引对立的，由此，当一块肌肉收缩时，它就会把与之相连的身体部分牵引过来，使肌肉延伸的东西同时就是使与它相互牵引的部分收缩的东西。之后，如果在另外一个时刻，上面那块后来被牵引的肌肉发生了收缩，那么它就会使第一块肌肉产生延伸，并且再一次把与之相连的身体部分牵引过来。最后，人们知道所有的身

---

1 即现代医学中的肺动脉。
2 即现代医学中的肺静脉。
3 哈维（Harvey），《动物心血运动研究》，1628年出版。

体运动，就像所有的感觉，都相关于身体的神经，这些神经就像一些细小的丝线，或者一些细小的管道一样全部来自于人的大脑，它们和大脑一样，当中含有一些空气或者说非常精细的微风，人们把它们命名为动物精气。

第八条：所有这些功能的原动力是什么？

但是，人们一般不知道这些动物精气和神经是以什么样的方式促成我们的运动和感觉的，也不知道使得我们的运动和感觉得以发生的身体原动力是什么，这就是为什么尽管我曾经在自己已完成的著作[1]中涉及过这个问题，在此却仍然要简要地多说几句的原因。在我们生命的延续期间，我们的心脏中有一股绵延不绝的热量，它像是一种由我们血管中的血液所维持的火焰，这火焰就是我们所有的肢体得以运动的身体原动力。

第九条：心脏的运动是如何进行的？

心脏运动的首要效果就是使遍布心室的血液得以扩张，而这就是为什么那由此需要占据更大空间的血液能够迅猛地从右

1　指作者在《谈谈方法》第五部分关于血液循环的论述，参见 A.T. 版《笛卡尔全集》，第六卷，第 49-55 页，也可参见中文本，第 38-47 页。——译者注

心室进入动静脉，并从左心室进入主动脉的原因。之后，当这种扩张停止的时候，新的血液就会很快从腔静脉进入到右心室，又从静动脉进入左心室。由于在这四个血管的入口处有一些细小的薄膜，它们的分布就使得血液只能通过上面的后两个血管[1]进入心脏，并且又只能通过另两个血管流出去。由此，当新的血液进入心脏之后，也很快就以上述同样的方式而被稀释。心脏和动脉的搏动或跳动的奥秘其实就是这样，心脏反复跳动的次数和新血液进入心脏的次数也是一样的。同样，这也正是血液得以运动的原因，正是由此，血液得以不停而又迅捷地在所有的动脉和静脉中流动，并且把在心脏中获得的热量带给身体的其他部分，给它们以滋养。

第十条：动物精气在大脑中是如何产生的？

但是，在这里更值得我们考察的是这样的现象：那些在心脏中由热量使之稀释了的血液，其中所有最活跃、最精细的部分不停地而且大量地进入了脑腔。而那使它们流向大脑而不是任何别的地方的原因就是，所有经由主动脉从心脏出来的血液都直接向大脑靠近，但是却不能全部都进入大脑，因为大脑当中只有一些非常狭窄的通道，于是血液中只有那些最活跃、最

---

[1] 就是腔静脉和静动脉。——译者注

精细的部分才能通过这些通道进入大脑，而别的部分则涌向了身体的其余地方。正是血液当中的这些最精细的部分构成了动物精气。由此，血液中的这些部分并不需要在大脑中接受任何别的变化，只是与那些稍微不太精细的部分分开了而已。由于我在这里所命名的精气不外就是身体，它们并不曾具有身体之外的别的性质，它们只不过非常的细小，运动起来非常迅捷，就像从一个火把那里冒出来的火焰部分一样，因此，它们从不在任何地方驻足不前，并且随着其中的一部分进入脑腔，而别的一些部分就会通过脑腔中的一些孔道离开脑腔，并被带进了神经当中，继而达到肌肉，这样，动物精气就以身体可以被推动的各种不同方式方式把它推动了起来。

第十一条：肌肉的运动是何以可能的？

所有肢体运动的唯一原因就是一些肌肉的收缩以及相应部位的伸展，所有这些我们在上面已经说过了。而使得一块肌肉收缩而不是像与它相应的肌肉那样伸展的原因，就是从大脑那里来了比去到与它相应的那块肌肉那里稍微多一点点的精气。并不是说从大脑那里直接来到的精气就足以使肌肉运动，而是它们支配着那些已经存在于这两块肌肉中别的精气非常迅捷地从其中的一块肌肉流向另一块肌肉，由此，它们由之出发的那块肌肉就变得越来越长越来越松弛，而它们到达的另一块肌肉则迅速地鼓胀起来，开始收缩并牵引与它相连的肢体。这其实并不难理解，人们只需知道，只有非常少的动物精气连续地来到每一块肌肉，而在这些肌肉中就封存着一定数量的别的动物精气，它们可以在其中迅速地流动，有时它们只是在自己停留的那块肌肉里盘旋回转，也就是说它们找不到离开的通道，有时它们则流向了对应的那块肌肉，由于在每块肌肉中都有一些小的开口，正是由此动物精气可以从一块肌肉向另一块流动，而且这些开口分布的如此巧妙，以至于当来自于大脑的动物精气来到其中的一块肌肉的数量比达到另一块肌肉的数量哪怕多一点点时，它们就打开了这块肌肉中所有的入口，并且由此别的肌肉中的精气就可以进来，也在同时，它们也就关闭了这块肌肉中那可以让自身中的精气流向别的肌肉的所有出口，由此，之前在这两块肌肉中包含着的精气就会迅速汇集在其中的一块肌肉中，并使它膨胀、收缩，而另一块肌肉则伸展并松弛下来。

第十二条：外在的物体是如何作用于我们的感觉器官的？

在此，我们还需要知道，那使得动物精气从大脑出来却并不总是以同样的方式流向肌肉，而是有时它们会向其中的一些肌肉流的多一些，而向另一些流得少一些的原因。在我看来，灵魂的行动确实是其中的一个原因，关于这一点，我会在晚些时候再具体解释，除此之外，还有另外两个存在的却只取决于我们的身体的原因，它们也需要得到说明。第一个原因是由物体在感觉器官中激起的运动的多样性，对此，我已经在《屈光学》中给出了大量的解释，但是，为了那些将要阅读我现在所写的这本书的读者不再需要回过头来再去翻阅别的书籍，我将在这里重复三个关于神经方面的需要考虑的东西：首先是它们的髓质，或者说内在物质，它们从大脑开始出发，就像小细丝一样伸展开来，直到与之相连的别的肢体的末端；之后是那些环绕在这些髓质周围的薄膜，它们是与包裹着大脑的薄膜相连的，由此就构成了一些微小的管道，那些小细丝就被封闭在其中；最后是动物精气，它们经由同样的管道从大脑一直被运送到肌肉，它们也正是那些小细丝可以在管道中完全自由伸展停留的原因，由此，哪怕是最小的事物推动了身体的某一个部分——上述东西的某个末端总是与之相连的，它也同样会影响到作为所有这些东西的出发地的大脑部分，就像我们牵扯一条绳子的某一端，另一端也会跟着被我们牵动一样。

第十三条：这种外在物体的活动可以使动物精气以不同的方式进入肌肉中。

我已经在《屈光学》[1]中解释了所有的视觉对象如何仅仅借

1　参见 A.T. 版《笛卡尔全集》，第六卷，第 130-132 页。

助对象和我们中间的一些透明物体，从而在我们的眼睛深处的视觉神经细丝那里，以及神经由之出发的大脑部位引发一些局部运动，就可以与我们发生关联。我说，这些对象对上述身体部位的多种多样的影响方式是与我们看到的对象的多样性相一致，而且我还说，不直接是那些在眼睛里发生的，而是那些在大脑里出现的运动，向灵魂呈现出这些对象的。正是基于这个例子，我们就容易理解别的一些感觉了，比如，声音、气味、滋味、热、疼痛、饥饿、口渴等，以及一般地理解所有的那些无论是来自外感官还是来自内部欲望，同样在我们的神经中可以引起某种运动并相应地到达大脑的对象了。而且，我们知道，大脑的各种运动除了可以使我们的灵魂具有各种各样的感觉之外，它们还可以在没有灵魂参与的情况下使得动物精气向身体的某些（而不是别的一些）肌肉流动从而引起肢体的一些活动。在这里，我只举一个例子。如果某个人迅速地把手举到我们的眼前，好像要碰到我们的眼睛一样，尽管我们知道对方是我们的朋友，他只是在逗着玩，他会非常小心不会给我们施加任何的伤害，但是我们还是很难阻止自己把眼睛闭上。这个例子指出，在并没有灵魂介入的情况下，眼睛也可以违反我们的意志而自动地闭合上，要知道，意志本来是我们灵魂唯一的或至少是基本的行动，但是，这一次却是由于我们的身体机器的结构，才使得这个移向我们的眼睛的运动在我们的大脑中激起了另一个运动，它引导动物精气进入相应的肌肉中，从而使我们的眼皮低垂了下来。

第十四条：动物精气的差异也可以使它们的运动有所不同。

使得动物精气可以以不同的方式进入肌肉中的其他原因，就是这些精气激荡得实际上并不均匀，而且它们的部分也是各不相同的。因为，当其中的某些部分要比别的部分更加粗大并且更加活跃的时候，它们就能以直线的方式而在脑腔和大脑的小孔中走的更远，同样，它们能到达的肌肉也就与那些比它们弱小的部分可到达的肌肉有所不同了。

第十五条：造成这种差异的原因。

这种不均匀可能来自于动物精气不同的构造成分，就像我们在饮了太多的酒的人身上看到的那样，酒气迅速地进入血液之中，从心脏上升到大脑，在大脑中，它们转化为动物精气，这些要比通常的大脑中的动物精气更加具有冲击力、更加充沛的东西能够以多种特别的方式推动我们的身体。这种不均匀也可能来自于心、肝、胃、脾以及所有可能与它们的产生相关的身体部分在布局上的差异。在这里需要尤其注意的是，深入于心脏底部的一些小神经，它们可以扩充或收缩这些凹陷部位的入口，由此，血液在这里可以得到或多或少的增强，从而产生一些具有不同布局的精气。同样需要注意的是，尽管进入心脏的血液是从身体的所有其他地方来的，然而通常却是那些来自具有更强劲的推动力的地方的血液比别的地方的血液更容易到达，因为与这些地方相对应的肌肉和神经对血液的挤压或搅动更多，并且，根据其来源部位的不同，血液就在心脏中以不同的方式被扩充，最后产生出具有不同性质的动物精气。比如，那些来自于肝脏内部——胆汁就在这里——的血液就和来自于脾脏的血液在心脏中的扩充方式不同，来自脾脏的血液又与来自胳膊或腿部的血管的血液在心脏的扩充方式不同，最后，这些来自肢体的血液又和来自食物汁液的，即刚刚从胃部和肠子中迅速地经由肝脏抵达心脏的血液在心脏中的扩充方式不同。

第十六条：所有的肢体如何能在没有灵魂参与的情况下被感觉对象及被动物精气所推动？

最后需要注意的是，我们的身体机器其构造是这样的，它使得所有那些可引起动物精气运动的变化总是能够打开大脑中的某些孔道而不是别的,并且相应地,当其中的一个孔道被那可进行感觉的神经活动张开得比平时更多一点或更少一点的时候,这就改变了动物精气运动中的某些东西,并使得它们会以一种在类似的情况下通常会使用的方式进入那用于推动身体运动的肌肉中。由此,所有那些在我们的意志没有参与的情况下做出的运动(比如那些通常在我们身上发生的现象、呼吸、行走、吃东西,以及所有那些我们做出的对于动物来说都是一样的运动)就仅仅取决于我们的肢体构造以及那些被心脏的热量所激发的动物精气,取决于它们在大脑、神经和肌肉中的自然流动过程。这就如同一块手表的运动只是由它发条的力量和齿轮的构形所引发一样。

第十七条:什么是灵魂的功能?

在如此地考察了所有那些仅仅归属于身体的功能之后,就很容易再来认识那些我们身上剩下的仅仅应该归属于我们的灵魂的东西,即我们的思维了。这些东西基本上有两类,一类是灵魂的行动,另一类是灵魂的激情。那些我称之为灵魂的行动的东西就是我们所有的意志活动,因为我们体验到它们都直接地来自于我们的灵魂,并且又仅仅取决于我们的灵魂。而相反,我们则可以大体上把我们身上所有种类的知觉或认识称之为灵魂的激情，因为通常并不是我们的灵魂使它们成为如此这般的这个样子的，而是我们的灵魂从这些知觉或认识所表象的事物那里接受了它们。

第十八条：关于意志。

再次，我们的意志有两种类型，其中的一种灵魂的行动是在灵魂自身中完成的，比如当我们希望爱上帝或通常把我们的思维运用于某些非物质的对象上的时候，就是这样。另外一种是那些需要在我们的身体上完成的灵魂行动，比如，只是我们意愿要散步，我们的腿就会移动，我们也就会行进了。

第十九条：关于知觉。

我们的知觉也有两种类型，一种以灵魂为起因，另一种则以身体为起因。以灵魂为起因的就是那些相关于我们的意志和所有的想象的知觉，以及别的与它们相关的思维。因为，可以确定的是，我们只能意愿一个我们对之有所意识的，并且由此对之有所意愿的事物。尽管从我们灵魂的角度来说，这是一个意愿某个事物的行动，可我们也可以说这也是灵魂中的一个意识其意愿事物的激情。不过，由于这个知觉和这个意志活动事实上只是同一个事物，并且它们又总是由那些最高贵的人来命名的，由此，人们就不太习惯于称它们为激情，而只是称它们为一种行动了。

第二十条：关于想象和别的由灵魂构成的思维。

当我们的灵魂在想象一个并不曾存在过的事物，比如想象一座不可思议的宫殿或一个奇异的怪物的时候，同样，当它在思考一个仅仅是知性的[1]并且是不可想象的事物，比如思考其自身的特有本性的时候，灵魂关于这些事物的知觉就基本上依赖于我们的意志了，而且正是这种意志才能使灵魂前去意识该事物，这就是人们习惯于把这些知觉看作是行动而不是激情的原因。

第二十一条：关于那些仅仅由身体引起的想象。

那些由身体引起的知觉，其中的大部分与神经有关，但也

---

1 法文为 intelligible。——译者注

有一些则不是这样，人们把它们命名为想象，就如同我们上面刚刚谈到的东西一样。然而，不同之处在于我们的意志并没有试图去构造它们，由此它们也就不能被置于灵魂行动的行列中，相反，它们仅仅来源于那些以各种方式被激发并且与先前存在于大脑中的各种印象痕迹相碰撞的动物精气，这些动物精气偶然地从一些孔道而不是别的孔道中进入了我们的大脑。这就是一些梦境中发生的错觉和同样的一些我们在醒着的时候的幻想的情形，此时，我们的思维毫无目的地漂浮着，并没有专心于任何事情。但是，如果我们在最确切、最特定的意义上使用激情这个词，尽管我们可以说有些这样的想象的确是灵魂的激情，而且如果我们以最通常的意义看待激情的话，尽管这些想象也确实可以完全被这样命名，然而，由于它们并没有和灵魂通过神经的中介所接受的知觉有同样明显和确定的起因，并且它们看起来仅仅是一些阴影和图画，因此在我们能很好地辨认它们之前，我们必须思考这些知觉的相互区别。

第二十二条：关于其它一些知觉的相互区别。

所有那些我还没有解释的知觉都经过神经的中介来到灵魂，并且它们之间存在着这样的区别，即它们中的一些实际上与触动了我们的感官的外在物体相关，另一些与我们的身体或者身体的某些部分相关，最后，另外的一些则与我们的灵魂相关。

第二十三条：关于那些我们把它们与外在的物体相连的知觉。

那些我们把它们与外在于我们的物体相连的知觉，即与我们的感官对象相连的知觉，至少在我们的意见并不为错的时候，它们是由这些物体引起的。这些物体在我们的外感官中引发了一定的运动，并且通过神经的中介又在我们的大脑中导致了一些运动，而它们就使灵魂对之有了感觉。这样，当我们看到一支蜡烛的烛光并且同时听到一个大钟敲响的声音的时候，这声音和这光线就是两种不同的活动，仅仅通过这些活动，它们就在身体的某些神经中引发了两种不同的运动，并且以各自的方式在大脑中就给灵魂提供了两种完全不同的感觉，而且我们把这些感觉与外在的物体相连，假定这些物体就是它们的原因，我们会认为看到了烛火并且听到了钟声，而不仅仅是感觉到了来自于它们的运动。

第二十四条：关于那些我们把它们与我们的身体相连的知觉。

那些我们把它们与我们的身体或者身体中的某些部分相连

的知觉，就是一些诸如饥饿、口渴和别的自然欲望的东西，我们也能够把痛苦、热和别的我们在我们的肢体中感觉到的东西，而不是在外在于我们的物体中感觉到的东西与它们相连，由此，我们就能通过神经的中介同时感觉到手的冰冷以及在手靠近火焰的时候感觉到火焰的热，或者相反，手的热和手所处的外在空气的冰冷：这些使我们感到手的热或冰冷的活动和那些使我们觉察到外在物体的冷和热的活动之间其实是没有什么区别的，只不过，由于其中一种活动相继于另外一种活动，于是我们判断第一种活动是已然存在于我们的身体中的，而相继的第二种活动则不是这样，而是处于引起它的外在物体当中。

第二十五条：关于那些我们把它们与我们的灵魂相连的知觉。

那些我们仅仅把它们与我们的灵魂相连的知觉，就是一些我们在灵魂自身中感觉到其效果的东西，对于这些知觉来说，我们一般认为不会有任何别的相近的原因能与之相关。这些知觉包括高兴、愤怒以及别的类似的感觉，它们有时是由一些对象刺激我们的神经而引起的，有时也会由别的原因引起。然而，尽管所有的知觉，即不管是我们把它们与外在的物体相连的知觉，还是我们把它们与我们身体自身的各种反应相连的知觉，当我们在最广泛的意义上使用激情这个词的时候，它们在我们的灵魂看来都确实是激情，但是我们还是习惯于把这个词进行一下限定，用它来只指示那些与灵魂自身相连的知觉。在这里，我在灵魂的激情的名义下试图解释的正是这种狭义的知觉。

第二十六条：那些仅仅由精气的偶然运动所引发的想象，它们和由神经所引发的知觉一样，都可能是真正的激情。

在此剩下的就是要注意，所有那些灵魂通过神经的中介而觉察到的东西，同样也可以通过动物精气的流动而被灵魂接受到。区别只是在于，那些通过神经而来到大脑中的印象一般来说要比那些由动物精气在大脑中引发的印象——我们在第二十一条中所讲的就是这样一些印象，它们就像是一些别的事物的阴影和图画一样——更加活跃和清晰。同样需要注意的是，有时候这种图画和它要代表的东西是如此的相像，以至于我们可能在这里错误地把它与那些与外在于我们的物体相关的知觉相提并论，或者与那些与我们的身体的某些部分相关的知觉相提并论，但是我们却不能同样地把它们与狭义上的灵魂激情相提并论，这是因为，这些激情是如此地接近和内在于我们的灵魂，以至于我们的灵魂只有在真实地感觉到它们的情况下才可以说对它们有所感觉。由此，当我们入睡的时候，甚至有时醒着的时候，我们常常清晰地想象某些东西，我们以为在我们面前看到了这些东西，或者在我们的身体中感觉到了它们，尽管事实上它们其实根本就不存在，然而，我们在睡觉，在做梦时，我们却不可能自己感觉到悲伤，或者被别的激情触动，除非我们的灵魂真的在自身中被这种激情所触动。

第二十七条：灵魂的激情的定义。

在考察了灵魂的激情与所有别的思维的不同之后，似乎我们就可以一般地把这些激情确定为一些知觉，或一些感觉，或一些灵魂的情感，它们特别地相关于我们的灵魂，而且是被一些动物精气的运动所引发、维持和增强的。

第二十八条：对这个定义的第一部分的解释。

当我们在一般意义上使用知觉这个词，即用它意指所有的不是灵魂或者说意志的行动的思维，而不是仅仅意指确定的认识时，我们就可以把灵魂的激情命名为知觉。因为经验使我们看到那些被他们的激情刺激得最厉害的人并不是最了解这些激情的人，而这些激情往往就是这样的一些知觉：存在于灵魂和身体之间的紧密连结总是使它们显得有些混乱和模糊不堪。我们也可以把它们命名为一些感觉，因为它们被灵魂接受的方式和外感官的对象被灵魂所接受的方式是一样的，并不存在灵魂对它们的其他特殊的感知方式。但是，我们还可以更好地把它们称作灵魂的情感，这不仅仅是因为这个名字可以运用于灵魂中发生的一切变化，也就是说适合于到达灵魂的一切不同的思维，而且特别地来说，这是因为在灵魂可以拥有的一切种类的思维中，没有什么别的思维可以比这些激情对灵魂的刺激和振动更强烈得了。

第二十九条：对这个定义的其它部分的解释。

我继续解释这个定义的其余部分，我说它们是一些特别地与我们的灵魂相连的知觉，这是为了使我们能把它们与别的感觉相区分，即与那些相关于外在物体的感觉，比如气味、声音、颜色等，以及与别的一些相关于我们的身体的感觉区分开来，比如饥饿、口渴、疼痛等。我还要解释它们是通过什么样的动物精气的运动而被引发、维系和加强的，以便把它们与我们的意志活动相区分，因为我们也可以把意志活动看成是一种相关于灵魂的情感，只不过它们仅仅是由灵魂自身所引发的，最后以便我们能够解释它们的最终和最切近的起因，这将会使我们把它们与其他的一些感觉区分开来。

第三十条：灵魂是与身体的所有部分都相联在一起的。

但是，为了更好地理解所有的这些东西，就需要我们认识到灵魂是与整个身体都相联在一起的，并且我们完全不能说灵魂是存在于身体的某个部分而不是别的部分中，因为身体就是一个整体，并且以某种方式是不可分的，要知道，身体所谓的器官就是如此地相互关联在一起的，以至于当其中的一部分被取走后，整个身体就不完善了；而灵魂的一个本性就是它与广延没有任何关联，也不会有什么物体由之构成的物质维度或特性，而是它仅仅与整个身体器官的组合相连。由此，似乎我们根本不能领会一个灵魂的所谓的二分之一或三分之一，也不能说它占据着怎样的空间，并且在人们截去身体的某个部分的时候，它也不会变得更小，但是，当人们拆除身体的组合的时候，灵魂也就与身体完全分离了。

第三十一条：在大脑当中有一个小腺体，灵魂在那里要比在别的部位更特别地发挥着它的作用。

我们也需要知道，尽管灵魂与整个身体都是相联的，然而它还是在某个部分那里比在所有别的地方更特别地发挥着作用。人们一般认为这个部分就是大脑，或者是心脏。说是大脑，是因为感觉器官都是与它相连的，说是心脏，是因为人们似乎正是在那里感受到了激情。但是，通过仔细思索，我认为我已经明确地确认了这一点：那个灵魂即时地实施其功能的身体部分既不是心脏，也不是整个大脑，而仅仅是大脑中最深处的一个部位，一个非常小的腺体，这个腺体位于大脑实体的正中央，悬挂在一个导管的上方，正是通过这个导管，前面脑腔中的动物精气就可以与后面脑腔中的动物精气相连，并且，在这里，很小的一些活动就很可能会大大地改变动物精气的运程，相应地，动物精气的一些小小的变化也很可能会大大地改变这个腺体的活动。

第三十二条：我们是如何认识到这个小小的腺体就是灵魂的基本处所的？

那说服我说灵魂是在这个腺体这里，而不是在身体的任何别的部分即时地发挥其作用的原因是，我考虑到我们的大脑的其余部分都是成双的，比如说，我们有两只眼睛，两双手，两只耳朵，并且最后，我们的所有外感官都是成双的，但是由于我们在同一个时刻只能有一个而且是简单的关于某个事物的思想，因此，必须有一个某个地方，在那里，来自我们的两只眼睛的两个影像，来自别的成双的感官的关于唯一一个物体的别的双重印象都可以在它们到达灵魂之前连接成一个东西，以使它们对灵魂来说不会是代表两个物体而是一个。这样，人们就能容易地领会到，这些影像或别的印象就是在这个腺体这里通过那充满大脑腔管的动物精气汇集而成的了。而且，在身体中又并不存在别的地方可以使它们能这样，由此，只有在这个腺体这里，它们才能统一在一起。

第三十三条：激情发生的处所不是在心脏。

认为灵魂是在心脏那里接受激情的人们，其意见完全不值得考虑，因为这种意见的基础只是在于认为激情是在心脏那里使我们感觉到某种变化的，然而，人们很容易就觉察到这种变化其实只是通过一个从大脑传下来并趋向心脏的细小神经的中介才能被感觉到的，就如同脚上的疼痛是通过脚上神经的中介才被感觉到，也好比天空中的星辰被我们觉察到是通过它们的光线和我们的视觉神经的中介一样，因此，说我们的灵魂在心脏那里即时地实施自己的功能以感觉其激情，这并不比说灵魂是在天空中来观看星辰更有什么必然性。

第三十四条：灵魂和身体是如何互相驱动的。

因此，在这里，我们可以设想，灵魂的基本处所是大脑中央的一个小腺体，在那里灵魂通过精气、神经，甚至是血液的中介而影响身体其余的所有部分，血液则可以通过参与精气中印象的形成，并且经由动脉而把它们发散到各个肢体。我们可以回忆上面我们曾经说过的身体机器的说法，我们知道，我们的细小的神经网在身体上分布得如此广泛，以至于一旦有感觉对象刺激我们而引发了它们形式各异的运动的时候，就会相应地打开大脑的那些相关小孔，这就使得那些存在于这些腔管中的动物精气以不同的方式进入到肌肉中，它们以什么样的方式可以被驱动，就可以以什么样的方式来推动那些肢体。同样，所有别的那些可以千差万别地驱动动物精气的原因也足可以引导它们进入各肌肉中去。我们继续想象，作为灵魂存在的基本处所，即那个小腺体正好悬挂在那些包含有动物精气的腔管中，因此它能被这些精气所推动，物体能有多少被感觉的方式，它就能有多少被推动的方式。但是，它也能被灵魂以不同的方式所驱动，灵魂的特性在于它能接受各种各样的印象，即有什么样的运动达到这个腺体，它就有什么样的知觉。相应地，身体机器也是这样被组合的，正是由此，这个腺体能被灵魂或别的可能的原因以不同的方式所推动，它又推动那围绕在它周围的动物精气趋向大脑的那些小孔，进而引导它们经由神经进入肌肉，这样它就可以使它们推动我们的肢体了。

第三十五条：举例解释一些物体的印象在大脑中央的这个腺体中相联合的方式。

这样，比如，如果我们看到某个动物朝我们走来，该动物身体的反射光就会形成两个相关的影像，并各自进入我们对应的那只眼睛，这两个影像通过视神经的中介就在大脑正面对着这些凹面性视神经的内表层上形成了两个不同的影像，然后，在那里，通过充满了腔管的动物精气的中介，这些影像就向这个由动物精气包围的小腺体发射过来，其方式是这样的：那构成每一个影像的每一点的运动也指向这个腺体相应的一点，同时，那构成另一幅影像的相应的点的运动也正指向这个腺体的这一点，它也代表该动物的同样部分，由此，在大脑中，这两个影像就在这个腺体这里形成了一个唯一的关于这个动物的影像，这一影像马上会影响到灵魂，使它看到这个动物的形象。

第三十六条：举例说明激情在灵魂中被激发的方式。

此外，如果这个形象显得非常陌生和非常可怕，也就是说如果它和之前的一些曾经对我的身体造成过伤害的东西非常相似的话，这就会在灵魂中激起一种恐惧的激情，并且之后使人或者变得勇敢，或者变得害怕和忧虑起来，具体要取决于我们身体禀赋的不同或灵魂力量的差异，并且也取决于之前我们得以脱身的经验：我们是通过防卫还是通过逃跑来面对与当前的印象相似的有害事物的。这就使得在一些人那里其大脑的反映是这样的：对该影像形成反映，并在小腺体上形成某种形象的一部分动物精气又开始从这个腺体那里前去加入一些神经中，而这些神经就会使得这些人掉转肩头，并驱动下肢迈步逃跑；并且有些神经部分则会使心脏的入口变宽或变窄，有些则会搅动那些血液由之而来到心脏的身体的别的部分，由此，这里的这些血液就会以和往常不同的方式被稀释化，并进而把一些动物精气输送给大脑，大脑中的动物精气就会维持并加强这害怕的激情，也就是说，它们会继续张开或重新打开大脑的孔道，从而引导这些动物精气进入同样的一些神经中。正是由此，这些动物精气通过进入到了这些孔道中，在小腺体中就激发起了某种特别的运动，而这个腺体则会必然使灵魂感觉到这种激情。因为这些孔道与那些可以使心脏的入口进行收缩和扩充的细小神经有着基本的关联，这就使得灵魂像是特别地在心脏那里感觉到了这种激情一样。

第三十七条：如何说激情完全是由动物精气的某些运动引起的？

因为所有别的激情的情况也大致如此，即它们基本上是由包含在大脑腔道中的动物精气所引起的，而且这些动物精气又会流向一部分神经，这些神经则会使心脏的入口得以收缩或扩张，或者会以不同的方式推动别的身体部分中的血液涌向心脏，或者以其他可能的方式来维持这种激情，因此，我们就能清楚地领会为什么我在上面的定义中说它们是由动物精气的特别运动引起的了。

第三十八条：关于那伴有激情并且不是由灵魂所引起的身体运动的例子。

剩下要说的是，以同样的方式，向心脏那里的神经流动的动物精气，它们的运行足以在大脑的这个小腺体那里引发一种运动，通过这种运动，害怕的激情就在灵魂中显现出来了；也是以同样的方式，在同时，某些动物精气则会流向这样一些神经，这些神经会使下肢迈动而开始逃跑，这也就会引发另外的精气运动而在那个腺体中使得灵魂感觉和觉察到这个逃跑的行为，由此，逃跑的行为就是这样仅仅通过身体器官的自身配制，而在没有灵魂支配的情况下在我们身上出现的。

第三十九条：一个相同的原因为什么会在不同的人身上引发不同的激情？

在小腺体上呈现出来的，并在某些人身上引起害怕激情的关于某个可怕的对象的同一种印象,在别的一些人身上则可能激发起勇气和胆量。其道理就在于,所有人的大脑被安置的方式并不是相同的,那个在一些人身上引起害怕激情的小腺体的运动在别的人身上则使得动物精气进入大脑的孔道中,继而有一些进入神经的某些部分,这些神经则推动双手起来进行防卫,而另一些则进入别的一些神经中,从而搅动和驱动血液流向心脏,以某种方式来创造一些特别的精气从而继续这种防卫行为并激发防卫的意志。

第四十条:这些激情的基本效果是什么。

因此需要看到,所有这些在人身上出现的激情的基本效果就是:它们驱动和促使人们的灵魂去欲求那些它们为之而在身体上有所准备的东西,由此,害怕的感觉促使灵魂想逃跑,勇敢的感觉则使灵魂希望战斗,或者其他类似的行为。

第四十一条:就身体方面而言,灵魂的能力是什么。

但是,意志的本性就是自由,它从不会被限制。我在灵魂中区分的两种思维,一种是灵魂的行动,也就是说它的意志;

另一种就是它的激情。在此，我们采用激情这个词的最一般的意义，也就是说，它包含了各种类型的知觉，第一种类型的知觉就其能力来说是绝对的，而且身体对它也仅仅能间接地有所影响，而相反，后一种类型的知觉绝对地相关于引发它们的一些身体活动，并且它们只能被灵魂间接地改变，当然当灵魂就是它们的原因的情况除外。所有灵魂的行动就在于，仅仅通过它，灵魂才能意愿某个东西，才能使得那与之紧密相连的小腺体如此地运动起来，从而产生与这个意志相应的一种行动效果。

第四十二条：人们如何能在自己的记忆当中找到自己想要回忆的东西？

同样，当灵魂想要回忆某个事物的时候，这种意志就使得这个小腺体通过不断地转向不同的方向，而把动物精气推向大脑的各个不同的区域，直到它们与那个我们想要回忆的事物遗留下来的印迹所在的区域相遇为止。而这些印迹之所以能被重新接受到，其情况只能是这样：这些由动物精气在先前由于这个事物的呈现而流经过的大脑孔道，它们现在要比别的一些大脑孔道在这些动物精气以同样的方式流向它们的时候，更容易被打开，更容易被捕获到。因此，当这些动物精气与这些孔道相接时，也就更容易进入其中，并由此，它们就在小腺体中激发起了一个特别的运动，这个小腺体的运动就会给灵魂呈现出同样的一个事物，并且使灵魂认识到它就是它想要回忆的东西。

第四十三条：灵魂如何能进行想象、集中注意并驱动身体？

同样，当人们想要想象某个自己从来不曾见过的东西时，这种意志就使得小腺体以某种相应的方式开始运动起来，这就使得一些动物精气被推向一些大脑的孔道，而正是通过这些孔道的开放，被想象的事物也就能被呈现出来了。同样，当人们想要停留在这个事物上专心地思考一会儿时，这种意志就会在这段时间里一直把小腺体约束在一个同样的方向上。同样，最后，当人们想要行走或以别的方式驱动自己的身体时，这种意志就会使这个小腺体把动物精气推向那些可使得这些身体行动起来的肌肉上。

第四十四条：每一个意志活动都是自然地相连于这个小腺体的某个运动的，但是，通过某种特别的努力或者习惯，人们也能把意志与别的运动相连。

然而，并不是说意志就总是会在我们身上激发起某个运动或某个别的能使我们激动的效果的，之所以会有所不同，其依据在于人的自然本性或习惯的不同,这就使得每一种腺体的运动与每一种思维的相连就有所不同了。比如,如果人们想让自己的眼睛观看一个很远的事物,这个意志就使得瞳孔变大,而如果人们想要观看一个相对较近的事物,就会使瞳孔收缩。但是,如果人们仅仅想放大自己的瞳孔,这种意愿就是徒劳的,人们不会为此就使得瞳孔放大。原因就在于,尽管人们在想看远处或近处的事物时可以自然而然地放大或收缩自己的瞳孔,但是人们却没有能使小腺体的运动服务于按照想放大或收缩瞳孔的意志就推动动物精气以放大或收缩瞳孔的方式而流向视觉神经的自然能力。并且,当我们在说话的时候,我们只是在思考我们想要表达的意义而已,这使得我们可以非常迅捷且很好地驱动我们的舌头和嘴唇,这就要比我们只是想以各种各样的方式来驱动我们的舌头和嘴唇以便能发出同样的声音,说出同样的话来要迅捷而更好得多。因为,我们通过学习说话已经获得的习惯使我们已经把我们的灵魂行动(通过小腺体的中介,它可以驱动舌头和嘴唇)与伴随着这些肌肉活动的这些话语的含义很好地联系在了一起,而不是仅仅与这些肌肉的活动自身相连。

第四十五条:对于灵魂的激情来说,灵魂的能力是什么?

我们的激情既不能直接地被我们的意志行动所激发,同时也不能被它所取消，但是，我们的激情可以间接地被一些东西的呈现所激发或取消，这些东西习惯性地与我们所需要的激情相连在一起，并且与我们想要拒绝的激情正好相反。由此，为了在自身中激发起勇气并赶走害怕的情绪，只靠意志是不够的，还需要人们努力去思考一些理性的东西，去想象一些能够说服我们相信危险其实并不很大的事情或例子，让我们意识到反抗比逃跑总是具有更大的安全性，如果我们战胜了它将会为此而具有莫大的荣光和喜悦，而不是在逃跑后只能等待后悔和耻辱等类似的东西。

第四十六条：使得灵魂不能完全掌控自己的激情的原因是什么？

这里有一个妨碍灵魂能切实地改变或停止它的激情的特别原因，这个原因已经使我在前面的定义中认识到，激情不仅仅可以被某个动物精气的特别运动所引发，而且也会被某个特别的运动所维系和加强。这个原因就是，激情几乎都是与一些在心脏那里出现的激动（emotion）一起出现的，并且由此，这种激动也牵动了所有的血液和动物精气，因此，在这种激动停下来之前，激情都会呈现在我们的思维中，就如同一些类似的感觉对象在影响着我们的感觉器官，它们似乎一直就呈现在我们面前一样。至于灵魂，通过专注于别的事物，它可以使我们听不到微小的声音或感觉不到细微的疼痛，但是却不能像这样使我们听不到天空中传来的响雷之声或感觉不到火焰在灼烧我们的手，同样，灵魂能轻易地克服一些较小的激情，但是却不能避免最粗暴、最有力的激情，除非血液和动物精气的激动已经完全平息了。在这种激动还是很活跃的时候，意志能做的最大的事情是不去赞成激动的效果，并且尽力控制一些它能适应的身体运动。例如，如果生气使得我们的手举了起来，试图击打别人的时候，意志一般可以使我们有所克制，如果害怕驱动我们的下肢准备逃跑，意志则可以让我们停下来，等等。

第四十七条：人们习惯于想象的在灵魂的低级和高级部分之间存在的冲突是怎样的。

人们习惯于想象的在灵魂的低级部分（人们把它命名为感性的部分）和高级部分（理性的部分）之间的，或者是在本能的欲望和意志之间的所谓冲突，其实就是一种在小腺体中出现的不同的活动之间的对抗，而这些活动则是由身体和灵魂分别通过动物精气和意志同时在小腺体中所引发的。由于在我们身上只有唯一的一个灵魂，并且这个灵魂在自身中没有任何的部分划分，它同时是感性的和理性的，它所有的欲望同时也是其意志，因此，当人们在自身中扮演几个不同的而且通常是互相相反的角色时，就犯下了错误，这个错误的出现只是在于人们没有很好地对我们的灵魂的功能与自己的身体的功能做出区分而已，而实际上，人们应该把所有那些在我们身上发现的与我们的理性相背的东西都归属于自己的身体。因此，这里的冲突只不过就是那个在大脑中央的小腺体，它一方面可以被灵魂所推到一边；另一方面又可以被动物精气——它们就是身体——推动到另一边，正如我在上面曾经说过的，在很多情况下，这两种推动力是相反的，力量强的一方会就阻止另一方发生作用。然而，我们能够区分腺体中的两种不同的被动物精气所引发的运动，一种运动或者向灵魂呈现了那个刺激了我们的感官的对象，或者给灵魂呈现了一些在大脑中相汇的印象，它们都对意志没有任何的影响；另一种运动则是对意志有一定影响的，也就是说它们引发了一些激情或者一些伴随着这些激情的身体的运动。对于第一种运动来说，尽管它们通常妨碍灵魂的行动，或者尽管它们会被灵魂的行动所阻滞，然而，由于它们之间并不是直接对立的，因此，人们在其中并不会发现什么冲突。人们只能在后一种运动中和在让自己感到犹豫的意志活动之间才能发现所谓的冲突。例如，在如下的两种努力之间人们通常会发现一种冲突：一方面动物精气推动小腺体而试图在人们的灵魂中引起一种对某个事物的渴望；另一方面，则是灵魂通过意志又推动小腺体来躲开这个事物。那使这种冲突得以出现的主要原因就是，意志并不能直接地激发激情，正如我们曾经讲过的，意志在努力运作，在致力于连续地思考不同的对象时，它是受到限制的，如果其中一个对象在一个时期内拥有改变动物精气运行的能力，而之后相继的事物则可能没有这种能力，动物精气也就会很快恢复自己先前的运行轨迹，因为先前在神经、心脏和血液中的动物精气的分布并没有被改变，因此，这就使灵魂几乎在同时感到既被推动去渴望，又被推动不去渴望同一个事物。也正因为这样，人们就有可能会想象自身中有两种互相冲突的力量。然而，人们还是能在下面的情况下设想某种冲突：通常在灵魂中激发起某种激情的一个原因，它也会在灵魂不曾有所作用的情况下在身体中引发一些运动，而灵魂一旦觉察到这些运动，它就会去制止或力图去制止它们，人们在下面的情形下就会体验到这一点，当使得我们感到害怕的东西同时也驱使动物精气进入那些可令下肢驱动而迈步逃跑的肌肉中时，意志却勇敢地让它们停了下来。

第四十八条：人们如何能看出灵魂是具有力量还是软弱无力，并且软弱的灵魂真正欠缺的又是什么？

由此，正是通过对于上述的冲突的理解，每一个人都可以认识自己灵魂的力量或软弱了。因为，对于那些其意志能够极其容易地克服激情，并可以使伴随着身体的运动停下来的人来说，毫无疑问，他们具有着最强有力的灵魂。但是，也有一些人不能体验到他们灵魂的力量，因为他们从来不会让自己的意志与自己固有的力量相冲突，而仅仅允许它与那些使它充满某种激情从而对抗于别的激情的力量有所冲突。我所说的自己固有的力量就是一些坚实的判断和涉及善恶知识的决断，灵魂正是决定追随它们来引导自身的生活行动的。那些最虚弱的灵魂其意志则从不像这样下决定去追随于某些确定的判断，而是不断地任凭自己被一些当下的激情所带走，由于这些激情通常是互相矛盾的，它们轮流地牵拉着灵魂使它趋向自己，并且，它们通过使灵魂陷入与自身的冲突，而使它处于一种自己可能所处的最遭境地。这样，当害怕的激情把死亡显现为一种极端的恶，并且只有通过逃跑来避免的时候，而另一边，如果人的志气又把这种逃跑的无耻行为显现为一种比死亡更糟糕的东西时，这两种激情就分别搅动着人们的意志，使他一会儿屈从于这一个，另一会儿则顺从于那一个，自己就不断地陷于与自身的冲突之中，于是，灵魂就变成了奴隶和不幸的东西了。

第四十九条：如果没有对于真理的认识，灵魂的力量是不足的。

真正说来，很少有人会如此虚弱和优柔寡断以至于他们只想听从激情的摆布。大部分的人拥有一些自己的判断，正是追随这些东西，他们安排着自己的一部分行动。尽管这些判断往往是错误的，甚至建立在之前意志由之被征服和吸引的一些激情之上，然而，由于在那些引发这些判断的激情缺失的情况下，意志仍然继续追随它们，人们就可以把它们看作是自己固有的力量，并且根据自己的灵魂是否能更多地或较少地来追随这些力量来判定自己的灵魂是更加坚强还是更加虚弱，来与当前出现的与之有所矛盾的激情进行对抗。但是，那些出自于某些错误意见的判断和那些仅仅基于对真理的认识而形成的判断之间，是存在着很大的差异的，因为，如果人们追随这后者，就永远不会遗憾，也不会有所后悔，相反，如果人们在发现前者是错误的时候，就总是会为自己曾经追随了它们而感到遗憾或后悔了。

第五十条：并不存在这样的灵魂，他如此的虚弱以至于通过恰当引导也不能获得对激情的绝对控制力量。

在这里，认识到这样的一些东西是有用的，正如在上面我们已经讲过的，尽管小腺体的每一个运动都似乎自我们生命的开始就已经自然而然地与我们的某一个思维相连，但是，人们也总是可以通过习惯而把它们与另一些思维相连，正如经验让人们在那些在小腺体中引发了一些运动的话语中看到的，这些话语，当它们被吃力地说出来时，根据其本性，只是给灵魂呈现了一些声音，或者当它们被写出来时，只是显示了一些字母的形状，然而，根据习惯，人们在听到这些声音或看到这些字母的时候，就已经能思考它们的意义了，它们习惯性地使人们去领会其意义，而不是想象其字母的形状或音节。同样，我们也需要知道，无论是小腺体的运动，还是动物精气或大脑的运动，尽管它们给灵魂呈现了某些事物，它们很自然地与那些在灵魂中激起某些激情的运动相连，然而通过习惯的养成，它们也可以与这些运动相分离，而与另一些非常不同的运动相连，甚至这种习惯还可以通过唯一的一次行动而无需长时间的使用就能形成。同样，当人们正在津津有味地享受一块美肉，却突然发现上面有很脏的东西的时候，这种意外的遭遇就可以改变大脑的布局，以至人们今后就只会带着厌恶的情绪来看待这样的肉，而不是像之前那样充满着喜悦了。并且，人们也可以在动物那里发现同样的事情，因为，尽管动物们没有理性，可能也没有任何思维，可在我们身上能激发激情的所有动物精气和腺体的运动在它们身上必然也是存在的，尽管它们不可能像在我们身上那样来维护和增强一些激情，但是却可以用以维护和增强那些通常伴随着它们的神经和肌肉的运动。由此，当一条狗看到一只山鹑的时候，它自然就会朝这只山鹑跑去，而当它听到开枪的声音时，这种响声就自然会使它转身逃跑，然而，人们通常这样来训练一些猎狗，让它们在看到一只山鹑的时候，停下来，而在听到有人向山鹑开枪时，却冲上去。知道这些东西可以给每一个学习控制自己的激情的人以勇气。因为，既然人们能通过一些技巧来改变那些缺乏理性的动物们的大脑运动，那么很显然，人们在自己身上的情况就会更加乐观，那些灵魂最为虚弱的人，只要他们运用足够的技巧来训练和控制自己的激情，也可以获得对于他们所有的激情的绝对控制权。

第二部分

激情的数量和次序以及对六种基本激情的解释

第五十一条：激情产生的首要原因是什么？

通过上文的论述，我们知道灵魂的激情，其产生的最后和最近的原因就是动物精气的活动对处于大脑中央的小腺体的影响，但是，这并不足以使我们能对激情进行真正的区分，要想达到这个目的，还需要探询激情的根源，需要检验它们产生的第一原因。不过，尽管激情在有些时候是由灵魂的活动——它决定我们去领会这样还是那样的事物——引起的，或者它们也可以仅仅由身体自身的禀赋或那些在大脑中偶然出现的印象所引发，比如人们在感到悲伤或喜悦却说不出所以然的时候，情况就是这样，然而，通过我们已经给出的介绍，我们知道，所有这些同样的激情似乎也都可以由那些刺激我们的感官的对象所引发，这些对象实际上是激情产生的更普遍和基本的原因，由此可见，要想了解所有的激情，就需要考虑这些对象的所有作用。

第五十二条：激情的作用是什么，我们如何能对它们进行清点？

此外，我还注意到，这些刺激感官的对象并不会依据其自身的多样形式就在我们身上引发不同的激情，而只是根据它们对我们是有所损害还是有利，或者一般来说是否重要的不同方式来发生作用的，激情的作用仅仅在于使得灵魂去意愿那些在自然看来对我们有用的东西，并且去坚持自己的这个意志，由此，那一般会引发激情的动物精气的同样行动也就使得身体运动起来，从而实施对这些对象的意愿行为。这就是为什么为了清点它们，只需要依次检查我们的感官被其对象所驱动的不同方式——对我们来说，它们非常重要——的原因。由此，我将在此依据激情可以被发现的次序来考察所有基本的激情。

第五十三条：惊奇[1]是什么？

当我们与某个事物第一次突然邂逅的时候，我们判断它是一种新的东西，或者是与我们之前认识的东西非常的不同，抑或是与我们所设想的它应该是的样子完全相异，由此，这个事物就使我们感到惊奇、惊愕。而且由于在该事物到来之前，我们根本不知道它对我们是合适还是不合适，于是，惊奇似乎就是所有的激情当中最基本的一种了。并且，对于惊奇这种激情来说，根本不存在与之相对立的某种激情，原因在于，如果一个呈现出来的事物在它身上根本没有任何可令我们感到惊讶的

---

[1] 在笛卡尔的书中，惊奇的原文是 l'admiration，按现代法语的用法，该词的意思是赞美，但是根据笛卡尔著作中的思想和古代法语的用法，这个词应该翻译为惊奇更为妥当。参见法文本第78页注释。——译者注

因素的话，我们就完全不会被它打动，也不会带着什么激情去认识它。

第五十四条：重视和蔑视，宽宏或傲慢，谦逊或无耻。

和惊奇相关的是重视或蔑视，这取决于我们感到惊奇的事物到底是伟大还是渺小。而且，我们也可以对自己有所重视或蔑视，一些激情就由此而来，之后，人们就会形成或大度或傲慢，或谦逊或无耻等习惯。

第五十五条：崇敬和蔑视。

但是，当我们重视或轻视别的一些我们把它们看作是可以自由地引发好的或不好的东西的事物时，崇敬就会从重视那里出现，或者，蔑视就会从简单的轻视中冒出来。

第五十六条：爱和恨。

所有上述的激情，都可以在我们不曾以任何方式察觉到引发它们的对象是好还是坏的情况下，就在我们身上出现。但是，当一个呈现给我们的事物在我们看来是好东西的时候，也就是说是适合于我们的时候，这就使我们拥有了一种对该事物的爱，同样，当一个呈现给我们的事物在我们看来是不好的或是有害的时候，这就会激起一种恨的激情。

第五十七条：渴望。

所有别的激情都可以同样地从对事物好坏的考察中引发出来，但是，为了能对这些激情进行很好的排序，我做了时间上的区分，考虑到这些激情更多是把我们的目光引向将来而不是现在或过去，因此，我就从渴望开始。由于不仅仅当人们在渴望获得一个自己之前还不曾拥有的好东西，或者希望避免一个自己判断会来的不好的事物的时候，而且也当人们在祝愿好的东西能够保存或不好的东西不要出现的时候，都可能会牵涉到这种激情，因此，很明显，这种激情总是和将来有一定的关联。

第五十八条：期望、担心、嫉妒、安心和失望。

为了激发起人们的渴望，只需考虑我们有可能会接受到美好的东西或者有可能会逃避不良的事物就可以了。但是，此外，当人们认为自己渴望获得的东西出现的可能性很大或者很小的时候，那么，那些其出现的可能性很大的事物就会在我们身上激发起一种期望的激情，而那些只是给我们呈现出很小可能性的东西，就会在我们身上激发起一种担心以及与此同类的嫉妒。当期望非常强烈时，就会转换成安心或自信。与此相反，当担心达到极度时，就变成了失望。

第五十九条：犹豫、勇敢、果断，好胜，怯懦和惊恐。

而且，尽管我们对之有所期待的事情的发生与否可能根本不取决于我们，可我们还是会有所期望或担心。但是，当该事情被我们认为有可能取决于我们的时候，这里，就可能存在一个方法选择上的或实施上的困难。当面临第一种困难时，犹豫就会出现，它促使我们进行深思熟虑后再拿出主意来。当面临后一种困难时，相反就可能出现勇敢或果敢，以及属于此类的好胜。而怯懦则和勇敢正好相反，就如同害怕或惊恐与果断相反一样。

第六十条：悔恨。

如果在犹豫没有消失之前人们就已经确定了自己的行动，

这就会导致一种悔恨意识，这种悔恨并不像之前我们讲的那些激情那样相关于将来，而是与现在或过去有关。

第六十一条：高兴和忧伤。

当一件好的事情或不好的事情在我们看来取决于我们时，那么对呈现出来的好的事情的考察就会在我们身上激发起一种高兴，而对不好的事情的思考就会激发起一种忧伤。

第六十二条：嘲笑、羡慕、怜悯。

但是，当一件事情对我们来说是取决于别人时，我们就可能会估量他们是否与它相配，而当我们认为他们之间完全相配，我们又乐于看到这些事情就该如此发生的话，它在我们身上引发的就只会是一种高兴的激情。唯一的差别在于，出自于善的高兴是严肃的，而来自于恶的高兴则会伴随着一些笑声和嘲弄。但是，如果我们认为他们并不相配时，好的事情就会引发羡慕，不好的事情则会使人感到怜悯，它们都属于忧伤的种类。需要注意的是，这些和当前的善恶相关的激情通常也可以与将来的某种善恶相联系，我们只需把我们认为将来可能会突然出现的善恶在当下显现出来就可以了。

第六十三条：自我满足和懊恼。

我们也可以思考善恶的起因问题，无论是当前的善恶，还是过去的善恶。由我们自己达成的善会给我们一种内在的满足，这是所有激情中最甜美的一种，相反，由我们引发的恶则会导致一种懊恼的激情，在所有激情中它是最苦涩的。

第六十四条：好感和感谢。

但是，那由别人完成的善事就会使得我们对他们怀有一种好感，尽管他们这么做并不是为了我们，而如果他们这么做就是为了我们的话，在好感之外，我们还会心存感谢。

第六十五条：义愤和发怒。

所有由他人所做的此类与我们无关的不好的事情，仅仅会使我们对他们感到一种义愤的激情，而如果这些不好的事情又与我们有所牵连的话，就会使我们发怒。

第六十六条：光荣和羞愧。

此外，在我们身上的或者曾经在我们身上的美好东西，如果可能会使别人发出赞赏的意见，那么，它就会在我们身上激发一种光荣的激情，而相反，不好的事情则会导致我们感到羞愧。

第六十七条：反感、遗憾和喜悦。

有些时候，好的东西的持续存在会引起人们的厌倦或反感，相反，不好的事情的延续则会减轻人们的悲伤。最后，些许的遗憾会由于美好的事情的逝去而出现，这种遗憾属于悲伤这一类激情，而恶事的消失则会导致喜悦，喜悦则属于高兴一类的激情。

第六十八条：为什么这种对激情的清点和我们一般所接受的相关认识并不相同？

这就是在我看来清点这些激情的最好的次序。由此，我很清楚自己偏离了之前人们所写的关于这些东西的认识。但是，这种偏离是有其重要的理由的。因为，之前的人们对激情的清点是建立在他们对灵魂中的感性部分所做的一种区分的基础上的，他们认为灵魂的感性部分可以区分为两个不同的欲念部分，一个是欲望部分；另一个是使人暴躁的部分。而由于我并不认为在灵魂中有任何部分的区分，因此我才作了上述的描述。对我来说，这些东西似乎仅仅意味着灵魂有两种不同的能力而已，一种是欲望的能力；另一种是发火的能力。而由于灵魂以同样的方式也拥有惊奇、喜爱、期望、害怕等能力，并且由此在自身中可以进一步接受别的每一种激情，或者在这些激情的推动下有所行动，因此，我看不出为什么一定要像他们那样把所有的激情都归于欲望或愤怒。此外，我相信他们也不会像我在这里一样可以对所有基本的激情都给予清点。而我之所以只谈论基本的激情，是因为我们的确还可以区分更特别的一些别的激情，而它们的数目是没有穷尽的。

第六十九条：只有六种原初的激情。

但是，简单和原初的激情的数目并不很多。因为，通过回顾我已经清点完的所有的激情，我们就能轻易地注意到，只有六种这样的激情，即惊奇、爱、恨、渴望、高兴和悲伤。而所有别的激情则都是由这六种激情中的某些组合而成的，或者则是属于其中的某一类。我之所以在这里要对这六种原初的激情分别给予处理，目的就是使它们众多的数量不至于影响到我们的读者。而且之后我将让大家看到，所有别的激情是通过什么方式从这六种激情中演化出来的。

第七十条：关于惊奇，它的定义和起因。

惊奇是灵魂的一种突然的惊讶，它使灵魂处于一种专心地思考一些似乎对它来说罕见和特别的事物的状态中。惊奇的出现，首先是由人们大脑中的某种印象引起的，这种印象把相关的对象显现为是罕见的，由此是值得好好地思考的；然后是由动物精气的运动所引起，在这种印象的支配下，动物精气带着很大的力量涌向大脑，在那里，这种惊奇的激情就会被加强和得以保持，如此，那些动物精气又在这种印象的作用下从那里流向人的一些肌肉中，这些肌肉可以使人的感官维持在当前它们所处的处境中，以便通过它们——如果这种惊奇是由它们造成的话——来维系这种激情的存在。

第七十一条：在这种激情中，人们的心脏和血液不会有任何的变化。

人们不曾注意过的这种激情的特别之处在于，它并不像别的激情那样会伴随着心脏和血液的某种变化。其原因在于，这种激情并不就其对象的善恶好坏进行评断，而只涉及人们对于自己仰慕的事物的一种认识，由此，惊奇的激情就和所有对身体来说是好的东西所必须要依附的心脏和血液没有什么关联，而是只与人的大脑相关，而用以达成这种认识的知觉器官则正是存在于大脑之中。

第七十二条：惊奇的力量在于什么。

使得惊奇具有很大的力量的原因就是惊讶，也就是说突然的、事先根本想象不到的印象，这种东西的到来改变了动物精气的运行，要知道，这种惊讶对于惊奇这种激情来说完全是固有和专属的，正因如此，当我们在其他的激情中也看到这种惊讶的时候（几乎在所有其他的激情中我们都能看到它，它也似乎总是在增加着激情的数量），这其实就是说，惊奇和这些激情总是相连在一起的。惊奇的力量取决于两个东西，即新颖性和由它引起的从一开始就具有其全部力量的运动。因为，可以肯定的是，这种运动要比那些首先就虚弱，而且只能一点点地来增长，并能轻易地就被改变方向的运动具有更大的作用。同样可以肯定的是，那些新颖的感觉对象触及到了大脑中一般不曾被触及的某些部分，并且这些部分比那些经常遭受某种刺激从而变得有些坚硬的大脑部分要虚弱或不坚固得多，这就增加了由这些感觉对象所引发的运动的作用。如果人们考虑到下面的事例就不会再为此感到难以置信了：正是由于同样的原因，通过适应来自它所承担的身体的极强的压力，我们的脚掌在走路的时候就只会感到很弱的一点点压力了，相反另外一种刺激脚掌的小很多，轻柔很多的压力则会使我们几乎难以忍受，其原因就于我们对这种刺激并不习惯而已。

第七十三条：什么是惊愕？

这种惊讶，它有足够的力量使存在于大脑脑腔中的动物精气流向人们对自己所欣赏的事物保有着印象的区域，它有时还会把它们全部都推向该区域，使得它们如此地致力于保持这种印象，以至于根本不会有什么精气可以流向肌肉中，也不会有什么精气会以某种方式偏离自己已经在追随的原来的痕迹，所有这些就使得整个人的身体像雕塑一样停在了那里，人们只能觉察该事物呈现给我们的第一面貌，因此也不能获得关于该事物的更特别的认识。这就是人们通常所说的惊愕状态，因此，惊愕是一种过度的惊奇，它永远都是有害的。

第七十四条：所有的激情都具有什么作用，它们的危害又是什么？

通过上面的叙述，我们不难看出，所有激情的用处就在于，可以在我们的灵魂中加强和延续一些思维，这些思维如果灵魂能够加以维系的话是有益的，而如果灵魂不对它们加以保存的话，就会非常轻易地被清除掉。同样，这些激情可能引发的所有不良的后果就是这些激情过多地加强和维持了一些人们并不需要的思维，或者加强或维持了一些别的并不值得人们去注意的东西。

第七十五条：特别说来，惊奇的作用是什么？

我们可以单独地来谈一谈惊奇，它的作用在于可以使我们来了解，并在自己的记忆中记住一些我们之前并不知道的东西。因为我们只会惊奇于那些对我们来说是罕见的和特别的东西，这就是说，我们之前不曾认识它，也根本不会有什么东西能像这样对我们显示出来，或者说它和我们之前见过的东西并不相同，而正是这种不同使人们把它看成是特别的。不过，尽管也有一些对我们来说是未知的事物第一次呈现给我们的理智或感觉，而如果这只是一个我们拥有的关于该事物的观念，它并没有被某种激情，或者被我们的理智的运用，或者同样地被我们的试图给予关注和特别的反思的意志，在我们的大脑中来加强的话，我们是不会像惊奇那样在记忆中来记住它的。并且别的激情尽管可以使人们注意到那些似乎是好或坏的事物，但是，只有惊奇才能由此使事物显得仅仅是罕见的。我们同样也看到，那些不具备拥有这种激情的自然禀赋的人，他们通常是非常愚昧无知的。

第七十六条：惊奇是如何能给我们造成危害的，我们又怎样才能弥补它的缺陷并对其过度性进行纠正？

但是，通常的情况是人们会对事物过度赏识，并且在看到一些只值得给予一点思考或根本不值得给予思考的事物时也会有所惊愕，而给予了更多的赏识。这完全可能会剥夺或损害理性的作用。这就是为什么，我们说尽管在出生的时候人们具备某种拥有这种激情的禀赋是好事——因为它可以使我们善于接受科学知识，而之后我们还是应尽可能地去摆脱它的原因。因此，要弥补它的缺陷并不难，人们通过一种反思和特殊的注意就可以了,当我们判断当前显现的事物值得去认真思考的时候,我们的意志就总是可以使我们的理智去进行反思和给予特别的注意。但是,要阻止人们去过度地欣赏事物,除了去多获得一些事物的知识,并且去考察所有那些都可能显得极为罕见和奇特的东西之外,不会有别的补救办法了。

第七十七条:那些最愚蠢、最机灵的人都不是最易于陷入惊奇的人。

此外,尽管只有那些生性迟钝和愚蠢的人才根本不会让自己会对什么事情有所惊奇,但是,这并不意味着那些最机灵的人就总是会最容易使自己陷于惊奇,基本上来说,而是那些尽管自身具有很好的日常识见,却又对自己的能力认识不足的人,他们才往往容易使自己感到惊奇。

第七十八条:如果人们对过度的惊奇缺乏节制,那么它就会转化成人们的一种习性。

由于人们遇到自己感到惊奇的罕见事物越多,人们就越习惯于不再对它们有所赏识，并且会认为所有这些之后还会出现的事物其实是平常的东西，于是，在实际的运用中，这种激情似乎就可以得到减缓。然而，当惊奇达到极度，并且当它使人们把自己的注意力仅仅停留在事物呈现出来的第一影像，而不去接受别的认识时，它就会使人们在之后形成一种习惯，哪怕事物显得只有很小的一点新奇性，人们的灵魂也会像这样把自己的注意力停留在它们之上。这就使得那些具有盲目的好奇心的人，也就是说那些研究稀有事物不是为了认知，而只是为了对它们有所赏识的人，继续延续自己的毛病，因为这些人会越来越变得对事物充满仰慕，以致那些根本没有什么重要性的东西与那些更应该值得探索的事物同样能吸引他们的注意了。

第七十九条：爱和恨的定义。

爱是一种灵魂的激动情感，它由一种动物精气的运动所引发，这种运动有意识地使灵魂亲近似乎和它适合的事物。而恨也是一种由动物精气引发的激动情感，这些动物精气促使灵魂想与那些对它来说显得有害的事物保持距离。我说这些情感都是由动物精气引起的，是为了把爱和恨——它们都是一些激情，并且都依赖于人们的身体——和如下的这两种东西区别开来：首先是那些同样可以使灵魂有意识地与它认为是好的事物进行亲近，以及与它认为是不好的一些事物相分离的判断，这些判断都不是我们所说的爱和恨；其次是那些仅仅由上述判断就在灵魂中引发的激动情感，它们与需要依靠身体的爱和恨也是不同的。

第八十条：有意识地亲近或保持距离是什么意思？

此外，我使用的"有意识地"这个词，并没有渴望的意思，因为渴望是一种不同的并且相关于未来的激情，而"有意识地"则是指一种同意，人们通过它就开始认为自己与自己喜爱的东西亲近了起来，由此，人们会想象有一个整体，并且会认为自己只是这个整体的一个部分，而所喜爱的事物则是它的另一个不同的部分。相反，在恨的激情中，人们把自己就当作一个整体，完全与自己所厌恶的事物保持着距离。

第八十一条：在欲念之爱和慈善之爱之间，人们习惯做的区分是什么？

人们一般把爱区分为两种类型，一种是那些被称为慈善的爱，也就是说那些使人意愿自己喜爱的美好事物的爱；另一种则是那些被称为欲念的爱，即那些使人渴望自己喜爱的事物的爱。但是，这种区分对我来说似乎只是考虑到爱的效果，而没有涉及其本质。因为人们一旦有意识地亲近某个事物（不管该事物具有什么性质），对于这个事物来说，人们就拥有了一种仁慈，也就是说，人们有意识地把相信是适合于该事物的东西与它相连在了一起，这是一种爱的基本效果。而如果人们以一种非明确意识的方式认为拥有该事物或者与该事物发生关联是一件好事的话，这就是渴望，这同样也是一种爱的一般效果。

第八十二条：这些极为不同的激情是如何都能分有爱的？

同样，也并不需要依据人们可能喜爱的事物的多少来区分不同种类的爱。因为，例如，尽管人们拥有的激情——有野心的人想得到光荣，吝啬的人想拥有金钱，酗酒者想获得酒精，施暴者对自己想要侵犯的女人存有欲念，体面的男人对朋友和自己的情人的爱，好父亲对自己的孩子想给予呵护等——都各不相同，然而，它们在都相关于爱这种激情这一点上是一致的。但是，前四种激情所具有的爱，只是为了占有他们对之存有激情的相关对象，完全不是为了这些对象自身，对于这些对象，他们只会具有一种混合着别的一些特殊激情的渴望而已。相反，一个好父亲对自己的孩子所拥有的爱是如此的纯粹，以至于他根本不渴望从他们那里得到什么，也从不想在做这些之外还要把他们据为己有，同时也不会想进一步过度拉近已有的和他们的距离，但是，通过把他们看作是另外的自我，他像对自己一样，或者甚至付出更多地来追求他们的幸福，因为，在他看来，他和孩子们是一个整体，而且自己并不是什么更优越的部分，他通常更关心孩子们的利益而不是自己的，并且并不害怕因为照顾他们而使自己丧失什么。体面的人对自己的朋友的情爱的性质是一样的，尽管像这么完美的情爱很罕见，他们对自己的情人的情爱也包含有很多爱的成分，但是，这种情爱同样也可能包含一些别的东西。

第八十三条：简单的喜爱、友爱和虔诚之爱之间的区别。

似乎对我来说，通过把对所喜爱的事物的爱和对自己的爱进行对比来加以评价，我们就可以有很好的理由来对爱进行区分。因为当人们觉得对一个对象的爱不如对自己的爱时，对他来说这就是一种简单的喜爱；当人们觉得对一个对象的爱和对自己的爱在程度上相等时，这就是友爱；当人们觉得对一个对象的爱要比对自己的爱更多时，这种激情就可以被称为虔诚之爱。由此，人们能有对一朵花的喜爱，对一只鸟的喜爱，对一匹马的喜爱，但是，如果不是精神错乱的话，人们只能对一些人有所谓的友爱。对于友爱这种激情的对象来说，当我们认为自己被他们喜爱着，并且自己确实具有比较高贵和仁厚的灵魂时，就不会存在说觉得他们是如此的不完美，以至于我们由此并不能对他们拥有一种完美的友爱的情况（参见后面的第154和156条解释）。至于虔诚之爱，其基本的对象毫无疑问是那至上的上帝，当人们对他有所认识时，就不会不对他充满虔诚，但是，我们也可以对自己国家的君主，对自己的国家，对自己的城市，甚至对某一个特别的人，在我们认为他们比自己更重要的时候，拥有这种虔诚的爱。这三种类型的爱之间的基本区别就在于它们的效果。所有的这三种爱都一样，人们通过把自己与被爱的对象相连及统一在一起，形成一个整体，而总是打算舍弃这个整体中的一个最小部分来保全别的部分。在简单的喜爱中，人们总是喜欢自己更甚于他们所喜爱的东西，相反，在虔诚的爱中，人们则爱他们所喜爱的对象更甚于爱自己，以至于人们为了保全自己喜爱的对象连死亡都不怕。人们在一些例子中经常能看到这样的情形，人们为了保卫自己的君主，或自己的城市，甚至有时是他们对之忠诚的特定的人而甘愿献出自己的生命。

第八十四条：恨并没有和爱同样多的种类。

此外，尽管恨和爱是直接相对的，但是我们却不能像区分爱那样区分出同样多的恨的种类，因为，我们在自己想要有意识地与之保持距离的不良事物中并不能区分出像我们在想要亲近的美好的事物中能区分出一样多的种类。

第八十五条：关于欣赏和憎恶。

我在爱和恨当中只找到了唯一一个相同的重要区分。这就是，不管是爱，还是恨，它们的对象能够或者被一些外感官呈现给灵魂，或者被内感官，以及被人们自己的理性呈现给灵魂。因此，我们一般把我们通过内感官或理性判断为适合或不适合于我们的本性的东西称为好的和不好的，但是，我们也会把通过我们的外感官——主要是我们的视觉，只有它更值得考虑，而不是别的——而呈现给我们的事物称作是漂亮的或丑陋的。由此，这就出现了两种类型的爱，即人们对于美好的事物的爱，和另一种人们对于漂亮的事物的爱，这后一种爱人们也可以称之为欣赏，以便人们不会把它与别的爱的激情相混淆，也不会和渴望这种人们通常也冠之为爱的激情相混淆。由此，也就产生了两种类型的恨，一种相关于不好的事物；另一种则相关于丑陋的事物，并且这后一种恨，人们也可称之为反感或嫌恶，以便把它与别的恨区分开来。但是，这里还有更多值得重视的东西，那就是，这些欣赏和憎恶的激情通常要比其他类型的爱和恨显得更加强烈，原因在于，通过这些感官来到灵魂中的东西要比通过理性而显现出来的东西对灵魂具有着更大的触动性，而且通常来说，这些东西在真实性上也会差一些，因此，在所有的激情中，这两种是最具有欺骗性的，人们应该格外小心。

第八十六条：渴望的定义。

渴望这种激情是一种灵魂的激动，它由一些动物精气所引发，这些动物精气使灵魂希望在未来能拥有一些它认为适合于自身的事物。这样，人们并不仅仅渴望那些当前缺失的好的东西，而且也会渴望保存那些当前存在的美好东西，此外，人们也渴望消除不好的事物，不管是那些人们已经遇到过的不好的事物，还是人们相信今后可能会遇到的不好的事物。

第八十七条：这是一种并没有对立面的激情。

我很清楚，在经院哲学中，人们通常把使我们追求美好的东西的激情称为渴望，并把它与使我们逃避不好的东西的激情——人们把它称为嫌恶——相对应。但是，由于并不存在这样的情况：美好事物的丧失不是什么坏事，一个被认为是肯定不好的东西的消除不是善。相反，事情往往是这样的，比如，要追求富有，人们就必然避免贫穷，要逃避疾病，人们就是在追求健康，等等。因此，似乎追求善，同时避免与之相反的恶，这实际上是一回事。在这里，我只是指出这样一种差异，当人们趋向于某个好的东西时，人们拥有的这种渴望就和爱的激情伴随在了一起，并且之后还会有期望和欢乐一起出现；相反，当人们想要远离和这个美好的东西相对的不良事物时，这同样的渴望就会与恨、害怕和悲伤相伴，原因就是人们判断该事物与自己的本性是相背的。但是，当一个事物同时均相关于某个人们追求的善，以及人们在逃避的恶时，如果人们愿意考察它，就会很明显地看到这实际上就是同一个激情在发生着作用。

第八十八条：渴望有哪些不同的种类？

对渴望进行如下区分会更为合理一些：有多少人们在追求的事物，就有多少种类的渴望。例如，好奇，不过就是一种认知的渴望，它与对光荣的渴望非常不同，而对光荣的渴望又和对复仇的渴望很不相同，等等。但是，在此，人们只需知道渴望有着和爱或恨同样多的种类就够了，最值得考虑和最强烈的则是那些出自欣赏和恐惧的渴望。

第八十九条：什么是出自憎恶的渴望？

尽管我们已经讲过，追求善和逃避与之相反的恶是同一个渴望，但是，出自欣赏的渴望与出自憎恶的渴望必然是非常不同的。因为，欣赏和憎恶确实是两个正相反的东西，它们和那些用以作为这些渴望的对象的善或恶并不是一回事，而仅仅是两种灵魂的激动情感，它们使灵魂去追寻两个非常不同的东西。也就是说，憎恶的性质在于给灵魂显现一种突如其来的并且意想不到的死亡气息，因此，尽管有时不过只是一种小虫子的碰触，或者是树叶摇动的声音，或者是树叶的阴影，都可以使人感到憎恶，人们首先感觉到一种激动的情感，似乎一种非常明显的死亡危机展现在了我们面前。这样人们就会突然产生一种激动，这种激动带动我们的灵魂全力以赴地去躲避当前的凶恶景象。这种类型的渴望，人们通常称之为逃跑或憎恶。

第九十条：什么是来自欣赏的渴望？

相反，欣赏则特别地具有这样一种性质，它给我们呈现出一种快乐——这种快乐被认为是所有属于人类的美好事物中最大的一种，这就使得我们非常强烈地渴望能拥有这种快乐。确实，存在着各种各样的欣赏，而且，出自不同的欣赏种类的渴望并不都具有同样的冲击能力。例如，花的美丽只会使我们驻足观看，水果的芬芳只是使我们想大快朵颐一番。不过，最主要的欣赏则来自于这样一些完美的东西，我们想象它们存在于一个可以变成另一个自我的人身上，因为，随着自然在人类身上和在没有理性的动物身上一样都放置了性别的差异，自然也在人们的大脑中放置了一些印象，从而使得人们在某个年龄阶段和某段时间中认为自己并不完美，就好像人们只是一个整体的一半，而不同性别的人则是其中的另一半，因此，获得另一半就隐约地被自然显现为所有可想象的善事中最大的一个了。而且，尽管人们可以看到不止一个不同性别的人，人们却并不想同时都是他们，这主要是由于自然并没有使人想要更多的另一半的缘故。但是，当人们注意到在一个人的身上具有某种东西，这种东西比别人身上的东西更令人高兴的时候，就会感到有一种针对这种东西的完全倾向，这种倾向是自然赋予的，它使人们去追求那些自然将之呈现为人们所能拥有的最美好的东西。比起上面我们已经谈到过的爱的激情来说，这种来自于欣赏的倾向或渴望更常被人们称之为爱。它也具有着更不寻常的作用，即它可以给小说和诗歌的作者们提供基本的写作素材。

第九十一条：高兴的定义。

高兴是灵魂的一种惬意情感，也就是一种快乐，灵魂从美好的事物中拥有了这种快乐，而这种美好的事物正是大脑的一些印象把它当作自己的东西而显现给灵魂的。我说关于美好的事物的快乐构成了这种情绪，这是因为，事实上，灵魂接受的只是那些灵魂自己所拥有的美好的东西，并且，在灵魂从这些东西中感觉不到可高兴的因素的时候，人们就可以说，他不再喜欢这些东西了，就像是它从来没有拥有过它们似的。此外，之所以说这种美好的事物是大脑的印象把它当作是自己的东西而显现给灵魂的，这是为了使我们不至于把这样一种作为激情的快乐和那种纯粹智性的快乐相混淆，在我们看来，这种纯粹智性的快乐仅仅通过灵魂的活动而进入灵魂中，我们可以说它是由灵魂自己在自己中激发起来的一种惬意的情绪，这种情绪就是由灵魂从这样美好的事物——那些理智把它们当作是自己的东西而显现给灵魂的东西——那里获得的快乐所构成的。的确，当灵魂与身体相连时，这种智性的快乐就几乎必然会与这样一种作为激情的快乐相伴随。因此，一旦我们的理智觉察到我们拥有某种美好的东西，尽管这种美好的东西可能和所有显现给身体的东西完全不同，以致它完全是不可想象[1]的，想象也必然会马上在大脑中留下一种印象，由此，动物精气的运动就紧接着出现了，这种运动就会激发起这种高兴的激情。

---

1 在笛卡尔的哲学中，想象只是针对物体性事物的一种灵魂的才能。——译者注

第九十二条：悲伤的定义。

悲伤是一种令人不快的伤感，也就是一种不舒服，这种不舒服，是灵魂从那些大脑的印象显现给它的并且是当作属于它的不好的事物或缺陷中得来的。而且，这里也存在着一种智性的悲伤，这种悲伤不是激情，但是它几乎总是与一种激情相伴随。

第九十三条：这两种激情的起因。

当智性的高兴或悲伤如此地引发了一种灵魂的激情的时候，它们的起因是很明显的，并且，我们从它们的定义中看到，这种高兴出自于这样的想法，即我们拥有某种美好的东西，相反，悲伤则是来自于我们认为我们具有某种恶或缺陷的信念。但是，通常的情况是，人们感到了悲伤或高兴，却不能明确地说明引起这种情绪的或善或恶的原因，也就是说，当这种善或恶在没有灵魂参与的情况下而在大脑中留下印象的时候，有时由于这些印象只是相关于我们的身体，也有时尽管它们也相关于灵魂，但由于灵魂并没有把它们看作是善的或恶的，而是把它们看成了别的东西，而将它们和那些相关善恶的印象在大脑中相连在了一起，由此，就会产生这样的情况。

第九十四条：这些激情是如何通过只是相关于身体的善或恶而被激发起来的，什么是舒服[1]和痛苦？

同样，当人们的身体状态很好，并且天气也比平时更加晴朗的时候，人们就会在自己身上感到一种愉悦，这种愉悦与任何理智的运作都没有关系，而只是动物精气的运动在人们的大脑中形成的一些印象而已；而当人们的身体欠佳的时候，人们则会以同样的方式感到一种忧伤，尽管人们可能并不知道这是怎么回事。由此，紧接着舒服的感觉出现的，就是人们的高兴的激情，相反，痛苦的感觉则很快会与悲伤的情绪相连，尽管大部分的人并不会对它们进行区分。然而，有时它们的差异是很明显的，于是人们会高兴地忍受某种痛苦，或者会接受到一种使人不快的舒服感。但是，通常使高兴和舒服相伴的原因，就在于所有人们称为舒服或惬意的感觉的东西都是建立在如下事实的基础上的：这些感觉对象会在人们的神经中引发某种运动（如果在人们的神经没有足够的力量与之对抗或者人们的身体不在状态的时候，这种运动也就会有损于我们的神经），这就使得人们在大脑中形成了一种印象，这种印象自然就可以向灵魂证实此时的身体状态是良好的，它具备相当的力量，并且由于灵魂是与身体相统一的，这也就可以向灵魂呈现这样的信

---

[1] 舒服，法文是 le chatouillement，指一种细微的感觉上的愉悦。——译者注

息：它拥有着一个美好的属于它的状态，像这样人们就在自己的灵魂中激发起了一种高兴的激情。几乎是出于同样的原因，当这些激情只是由人们所观看的在戏台上显现出来的一些奇特的故事所引发的时候，或者由其他相同的无论如何不会伤害我们，却似乎会打动我们的灵魂，从而使它感到舒适的主题引起的时候，人们自然而然地会乐意使自己感受所有的这些由激情带来的激动，甚至是悲伤或恨。那使得痛苦通常使导致悲伤的原因是，人们所说的痛苦的感觉总是由非常强烈的，有损我们的神经的一种活动引起的，由此，对灵魂来说它自然地就意味着一种这样的事实：由于这种活动，身体遭受了某种损害，并且身体本身的虚弱也使它不能与之进行对抗，这样，这种感觉就将这种活动和身体的虚弱当作不好的、总是令人不舒服的东西呈现给灵魂，除非它们引起了某些它认为比它们要值得重视的好的事情。

第九十五条：它们又是如何能通过那灵魂不曾注意到的善或恶——尽管这些东西和它相关——而被激发起来的。人们通过勇敢地面对困难或回忆过去不好的事情所获得的快乐是怎么回事？

同样，年轻人通常通过尝试一些艰难的事情，把自己置于极为危险的境地，甚至并不期望从中能得到任何好处或者任何荣耀，来获得快乐，这是出于他们具有的这样一种思想：他们认为自己从事的是一件很困难的事，这就会在他们的大脑中形成一种印象，而如果这种印象，和之前由于他们曾经认为，如敢于进行冒险，就可以使自己感到有足够的勇气，足够的幸运，足够的机智或者足够的力量，从而在大脑中形成的印象结合在一起的话，就使他们接受到了一种快乐。老人们在他们回忆自己早先经历过的不幸时，会有一种满足，这种满足的出现是由于他们只是觉得，自己能如此安然地幸存下来这本身就是一件幸事。

第九十六条：引起上述五种激情的血液和动物精气的运动是怎样的？

我在这里已经开始解释的这五种激情，它们之间是互相关联或对立的，由此，把它们放在一起来考察，就要比分别来对待它们——就像我曾经在讨论惊奇的时候所做的那样——显得更为容易一些。这些激情的起因并不像惊奇那样只是在于大脑，而是还涉及人的心、脾、肝以及所有别的可用于制造血液以及随后的动物精气的身体部分。因为，尽管所有承载血液的血管都会把它们中间的血液导向心脏，然而有时的情况是，有些血管部分中的血液会比别的血管中的血液受到更强有力的推动，由此，它们进入或离开心脏所经由的孔道就会在这一次比在别的时候更加开放或更加狭窄了。

第九十七条：那些可以帮助我们认识爱中的这些相关运动的基本体验。

我们的灵魂在被不同的激情所激发时，我们通过考察我们的体验使我们看到的身体的不同变化，我注意到，在爱的激情中，而且当仅仅是一种爱的激情时，也就是说并没有任何别的激情，比如强烈的欢乐，或渴望，或悲伤等与之相伴的情况下，脉搏的跳动是均匀的，而且要比平时显得更加强人有力，人们由此会在胸膛中感觉到一种柔和的暖流，而且胃部食物的消化也会更为迅捷，因此，这种激情对人的健康是有利的。

第九十八条：恨时的身体运动。

相反，我注意到，在恨中，脉搏的跳动并不均匀，要微弱一些，而且通常会跳得更快，由此，人们会感到一种寒意，这种东西又混合着某种我并不很清楚的令人不舒服的热量，刺激着人们的胸膛，而且胃部也停止了它的工作，人们会容易感到恶心，想把吃进去的东西吐出来，或者至少会使食物变得难以消化，并把它们转化成了一种不好的汁液。

第九十九条：高兴的情况。

在高兴中，脉搏的跳动是均匀的，而且要比平时更快，但是它不如在爱的时候跳动得那么有力或强烈，而且，人们感到有一种令人愉悦的热流在涌动，这种热流不仅仅存在于人的胸膛中，而且它还会伴随着大量的血液而流向身体所有的表层部分（我们能看到血液向身体表层的流动），有时人们会缺乏食欲，因为食物的消化要比平时慢一些。

第一百条：悲伤的情况。

在悲伤的时候，脉搏的跳动是较弱的，而且也慢，人们会感到有东西缠绕着心脏，使它紧缩起来，而且似乎有冰冷的东西在冷却着它，并且同时把这种寒意也传递到了身体的其余部分，在此期间，如果没有恨的情绪与之相混合的话，人们有时会感到自己充满了食欲并且胃部也会正常运作。

第一百零一条：渴望。

最后，我注意到渴望的情形是比较特殊的，它对心脏的刺激要比别的激情显得更加猛烈，并且给大脑提供了更多的动物精气，这些动物精气从大脑中又进入肌肉之中，使得所有的感官变得更加敏锐，使身体的所有部分变得更加活跃起来。

第一百零二条：在爱的时候血液和动物精气的运行。

这些观察以及其他的一些写起来会很长的体验使我得以认识到，当人的理智表现某个爱的对象时，这种思维活动就会在大脑中引发一些印象，这些印象会引导一些动物精气，使它们通过第六对神经，而流向那些围绕在肠部和胃部的肌肉，由此，就可以使食物的汁液——它们会转化成新鲜的血液——迅速地，在肝脏部位也不停留，直接流向心脏，而且，比起身体的别的部分的血液来说，由于它们带有着更大的冲击力，因此它们会大量地涌入心脏中，并且在那里会激发起一种更加强劲的热量，因为相比于那些已经在心脏里反复经过，从而已被过滤过好多次的血液来说，它们显然要更加粗犷一些。而且，这种血液也会向大脑输送一些动物精气，相应地，大脑中的这部分动物精气也会比平时显得更加厚重和活跃，于是，这些动物精气就使得那个由之前的思维活动所促成的关于该可爱的对象的印象得以进一步加强,并使得灵魂停留在了这个思想上,正是由此,爱的激情就形成了。

第一百零三条:在恨的时候血液和动物精气的运行。

相反,在恨时,关于那使我们感到厌恶的对象的原初想法,会引导大脑中的动物精气流向胃部和肠部的肌肉,这些肌肉则会通过收紧血液通常流经的入口而阻碍食物的汁液与血液相混合;这种想法也会引导大脑中的动物精气流向脾脏和肝脏下半部——这里是胆汁的储存地——的一些神经中,由此,一部分通常会返回这些地方的血液,现在则从这些部位出发,并伴随着那些位于腔静脉中的血液而一起都流向心脏。这种现象就会导致血液的热度变得很不均匀,原因在于,那些来自脾脏部位的血液几乎并没有得到加热和稀释,而相反,那些来自肝脏下半部——胆汁总是呆在这里——的血液则很快就会发热并膨胀起来。相应地,一些动物精气会重新进入大脑,它们的内部也很不均匀,其运行也会显得非常的不同寻常,由此,那种之前就已经印在那里的恨意就被它们进一步强化了,同时,它们也会使灵魂形成一些充满了酸苦之味的想法。

第一百零四条：在高兴的时候血液和动物精气的运行。

在高兴的时候，脾脏、肝脏、胃部或肠部的神经的活动并不比身体当中所有其他的神经的活动更强烈，特别是那些围绕在心脏附近的洞孔的神经，这些神经通过将这些洞孔张开并扩大，从而使得那由别的一些神经从静脉向心脏所驱动的血液可以以比平时多很多的量涌进来，再流出去。因为，进入心脏的血液已经从动脉到静脉像这样来来回回地往返好几次了，于是它们很容易就会自我壮大起来，并且会产生一些动物精气，其中的一部分精气，非常的均匀和精细，适于创造并强化一些大脑印象，这些印象就可以向灵魂呈现一些欢快而平静的思想。

第一百零五条：在悲伤的时候，血液和动物精气的运行。

相反，在悲伤的时候，心脏的开口会被围绕在它附近的小神经急剧地收缩起来，并且那些静脉中的血液也完全不会受到刺激，由此，也就只有很少的一部分血液才会流向心脏。与此同时，从胃部和肠部出来的食物汁液，它们通往肝脏的通道则总是畅通的，这就使得人们的食欲并不会受到影响，除非恨的激情与悲伤的激情相混合的时候（它们经常混合在一起），恨的激情才会使这些通道封闭起来。

第一百零六条：在渴望的时候，血液和动物精气的运行。

最后是渴望的激情，其自身情况是这样的，人们想获得某种美好的东西或逃避某种不良的事物的意志，会迅速地把大脑中的动物精气运往身体中所有那些可以用以达成该目的的相关部位，特别是运往心脏以及那些能给心脏输送大量血液的别的部位，以便心脏能获得比平时多很多的血液，由此心脏也就会向大脑输送更多的动物精气，从而一方面在大脑中维系和强化这种意愿性的想法；另一方面则使得动物精气进入所有那些可以有助于人们获得自己渴望的东西的感觉器官和肌肉中。

第一百零七条：在爱的时候，这些血液和动物精气运行的原因。

我从所有上面我们已经讲过的东西中，来推究其原因。我们的灵魂和身体之间有这样一种关联，一旦我们把某种身体的活动和某种思想相连，那么，如果其中的一方没有显现给我们的话，另一方也就不会在之后显现出来。就如同我们在那些曾经在生病期间带着很大的厌恶情绪喝过一些药水的人身上所看到的情形一样，过后，当人们去品尝那些在味道上比较接近的东西的时候，那种厌恶感也就会再次出现。同样，当人们思考自己关于这些药水的这种厌恶感时，那种品尝药水的味道也就会再次浮现在我们的思想中。因此，似乎当灵魂一开始和身体相连的时候，我们的灵魂就拥有了一些原初的激情，这些激情的出现其情况应该是这样的：在某些场合下，一些血液或一些别的进入心脏的汁液，成了一种要比平时显得更加适宜的原料，它可以在心脏那里维系那作为生命之源的热量；这就使得灵魂会有意识地把自己与这种原料相连，也就是说，去喜爱它；同时，动物精气会从大脑流向一些肌肉，这些肌肉则会挤压或刺激上述那些原料在进入心脏时曾经经过的身体部位，从而使得这些部位能向心脏运送更多的这些原料；这些部位包括胃部和肠部，它们的活动增加了人们的食欲，或者是肝脏和肺脏，因为一些隔膜肌也可以对它们形成挤压。这就是为什么这同一种动物精气的运动总是在一开始就伴随着爱的激情的原因。

第一百零八条：在恨的时候，它们运行的原因。

相反，有时会有一些特别的汁液流向心脏，要知道，这些汁液并不适合于维系存在于心脏中的热量，而且甚至还会使心中的热量被熄灭，于是，这就使得有些从心脏出发之后涌入大脑的动物精气会在人的灵魂中引发一种恨的激情。同时，这些动物精气又从大脑流向人的神经，这些神经就会推动脾脏以及肝脏中一些小静脉的血液流向心脏，从而可以阻止这些有害的汁液进入心脏，此外，这些动物精气也会流向这样一些神经，这些神经会再一次推动这些汁液回到肠部和胃部，或者有时也会使胃部开始呕吐。由此，这种同样的运动就会总是伴随着恨的激情而出现。人们用自己的眼睛直接可以观察到，在肝脏中，存在着一定数量的静脉或管道，它们足够大，从而可以使食物的汁液从这里由静脉的门户进入到腔静脉中，再由腔静脉进入心脏，而且在此过程中，它们根本不会在肝脏部位有任何停留；但是，在肝脏中——脾脏的情况也一样——也存在着无计其数的其它的一些静脉或管道，它们要细小一些，从而可以使这些食物汁液在其中能有所停留，并且，它们总是保留着一些血液（脾脏中的情况也一样），这些血液要比身体中别的部分中的血液更加粗糙，从而当胃部和肠部不能对心脏进行滋养时，它们就可以更好地来充当心脏中热量的原料了。

第一百零九条：高兴时，血液和动物精气运行的原因。

有时，我们的生命在一开始的时候，静脉中的血液就非常适合用来维系心脏的热量，它们的数量也很多，以致心脏并不需要去吸取任何别的营养。这就会在灵魂中激发起高兴的激情，同时，也就会使心脏的洞口比平时张开得更大，并且动物精气会大量地从大脑中流出，它们不仅仅可以进入一些可以用来扩张这些洞口的神经中，而且也通常会进入所有那些可以推动静脉的血液流向心脏的神经部位，从而防止从肝脏、脾脏、肠部和胃部出来的新鲜血液流向心脏。这就是为什么这些同样的运动会伴随着高兴的激情的原因。

第一百一十条：在悲伤的时候，血液和动物精气运行的原因。

相反，有时身体会缺乏营养，而且正是这会使灵魂感觉到一种原初的悲伤，一种至少是还从来不曾与恨有所相连的悲伤。同时这也会使心脏的洞口变得狭窄，因为这些洞口只接受一点点血液，而且这些血液中的大部分都来自于我们的脾脏，其原因在于，脾脏是身体的一个最后仓库，它可以在心脏不能从别的部位获得足够的营养的时候，来最后给心脏提供支援。这就是为什么这样的动物精气和神经的运动——它们可以收缩心脏的洞口，并且引导脾脏中的血液流向心脏——总是会伴随着悲伤的激情的原因。

第一百一十一条：在渴望的时候，血液和动物精气运行的原因。

最后，在灵魂刚开始与身体相连的时候，所有它已经能拥有的原初渴望就是去接受那对它适合的东西,并拒绝那对它有害的东西了。而且,这也就已经引起了这样的一些效果:动物精气从那时起就已经以各种可能的方式驱动所有的肌肉和感觉器官了。由此,现在,当灵魂渴望某一个东西的时候,整个身体就会变得比平时灵魂并不渴望什么的时候更加得灵敏,更加适宜于这样的运行状态了。而当身体像这样准备好了的时候,也就使灵魂的渴望变得更加强烈和急切起来。

第一百一十二条:这些激情的外在表现是怎样的?

我在这里已经摆出来的东西足以让人们能够领会脉搏跳动之所以会发生变化的原因,以及所有其它的我在上面已经归之于这些激情的那些特性的来龙去脉了,因此,在此,我们无需再停下来做进一步的解释。但是,由于我仅仅是指出在每一种单独的激情中它们各自可以被观察到的情况,只是指出我们能够观察到的可以帮助我们认识那引发这些激情的血液和动物精气的运行的情况,因此,在这里,我还是需要进一步探讨一些通常伴随着这些激情出现的外在迹象,要知道,这些外在迹象通常是在几个激情混合在一起——通常情况下,它们都是相互混合在一起的——而不是各自为营的时候,才会更好地显现出来。在这些外在迹象中,最基本的就是人们的眼睛和脸部的活动，皮肤颜色的变化，身体的颤栗，表情上的无精打采，昏厥，发笑，眼泪，呻吟和叹息等。

第一百一十三条：眼睛和脸部的活动。

任何一种激情都可以通过眼睛的某种特殊的活动表现出来，在某些激情中，眼睛的活动是非常明显的，甚至最为愚蠢的下人也能通过主人的眼睛而知道他是否对自己有所不满。但是，尽管人们很容易能觉察到眼睛的活动，并知道其所具有的含义，可要想对之进行描述，就不是件容易的事情了，因为每一个活动都会包括几个变化，使得眼睛看起来会有不同的运动和形状，而且，这些变化是如此的特别和细微，以至于其中的任何一个都不可能被我们单独地觉察到，尽管它们结合起来的效果会很容易被注意到。那些伴随着这些激情的脸部活动，其情况也基本一样，因为，尽管这些脸部的活动比眼睛的活动看起来动作更大，但是要想把它们区分清楚，也是很困难的，并且人们能拥有的脸部活动的差别其实也不是很大，以至于有些人哭的时候和另一些人笑的时候的脸部表情几乎就是一样的。确实，有些人的脸部表情会非常明显，比如在他们生气的时候，额头的皱纹会透漏出某种信息，在他们愤怒的时候以及嘲笑什么的时候，鼻子和嘴唇也会动，但是，这些似乎更像是一种有意识的行为，而不是完全自然的。通常，所有的这些活动，不管是脸部的，还是眼睛的，都可以被灵魂加以改变，比如当人们想掩饰自己的激情的时候，就会特别想表现出一种完全相反的样子，因此，人们既可以用这些脸部或眼部活动来表现自己的激情，也同样可以用它们来隐藏自己的激情。

第一百一十四条：皮肤颜色的变化。

当某种激情出现的时候，人们要想阻止自己的脸色变红或变白，这并不容易，原因在于，这些变化并不是由神经和肌肉所控制的，这和我们在前面谈论的那些情况并不一样。这些变化是从心脏那里很快地传递过来的，人们可以说，心脏就是这些激情的源泉，因为正是心脏提供了可以引发这些变化的血液和动物精气。可以确定，脸部颜色的变化只能来自于血液的运行，这些血液连续地从心脏经过动脉进入所有的静脉，又从静脉进入心脏，脸部颜色是变还是不太变，这和进入一些细小的静脉中的血液的多少有关，因为这些细小的静脉会通往脸部表面。

第一百一十五条：高兴是怎样让人脸色变红的？

高兴的激情会使皮肤的颜色变得更加鲜艳和潮红，因为通过敞开心脏的闸门，高兴会使血液更快地流进所有的静脉中，并且这些血液会变得更热更精细，于是会轻盈地把整个脸部都充实起来，这就会使人显得要更加愉悦和高兴。

第一百一十六条：悲伤是如何让人变得脸色苍白的？

相反，悲伤的激情则会使心脏的洞孔收紧，使血液更加缓慢地流入静脉当中，并且，血液会变得更凉更浓稠，只需占据更小的空间就可以了，这样，通过向离心脏最近的那些较大的静脉的回撤，这些血液就走得不很远，很明显，脸部当然是血液最远到达的地方，因此，它就会由此而显得有点苍白并暗淡无光了：基本上，当悲伤比较严重或来得太突然的时候，就像我们在惊恐的时候看到的，那种震惊就会加剧这种紧缩心脏的身体活动，人们的脸色就变得苍白起来了。

第一百一十七条：悲伤的时候人们的脸色怎么会变红？

但是，通常的情况是，人们在悲伤的时候，脸色并不会变得苍白，而是相反会变得潮红。这是由于一些别的与悲伤相伴随的激情造成的，即爱或渴望，有的时候也包括恨。因为，这些激情会加热或刺激来自肝脏、肠部以及别的内部器官的血液，把它们推向心脏，在那里，这些血液又通过大动脉而流向脸部的静脉，而那仅仅收紧心脏以及心脏的一些洞孔的悲伤，并不能对此产生什么阻碍，当然，悲伤特别强烈的时候须另当别论。但是，在爱和渴望，甚至恨的激情把别的内部器官的血液推向脸部期间，即使这时的悲伤并不很强烈，它也还是很容易就能阻止这些达到脸部静脉的血液再返回心脏。这就是为什么这些血液会停留在脸上使人脸红的原因，这时候脸红的程度甚至要比在高兴的时候还甚，其原因在于，当血液流动得稍微慢些的时候，其颜色会显得更有光彩，同时也因为在心脏的洞孔更开放的时候，血液在脸上的静脉中就可以聚集得更多一些。在羞耻的时候，情况基本上也是一样，因为羞耻是由对自己的爱和急于想逃避当前的耻辱的渴望组合成的，这就会使身体内部的血液流向心脏，之后又从心脏经由大动脉而流向脸部，此外，一种并不强烈的悲伤也会与之相伴随，这种悲伤使得血液并不会轻易地返回心脏。人们在哭的时候一般也是这样，因为，就如同我后面会讲到的，正是由爱和悲伤相连在一起才导致大部分的眼泪的出现。生气的情况也一样，在生气的时候，一种短促的复仇的渴望通常和爱、恨与悲伤等激情混合在一起。

第一百一十八条：颤栗。

颤栗有两个不同的原因。一个是，有时大脑的动物精气进入到我们的神经中太少，另一个则是有时进入的太多。根据之前我在第十一条中所写的内容，动物精气从大脑进入神经就是为了很好地把肌肉的一些微小的通道封闭起来，而这些肌肉的细小通道之所以被封闭起来则是为了驱动肢体开始采取行动。第一种原因会在人们感到悲伤和害怕的时候出现，这和人们在冷的时候身体就会发抖一样。因为，这些激情，如同寒冷的空气一样，会使血液变得浓稠，以至于不能给大脑提供足够的动物精气来进一步运往神经中。第二种原因则通常是在人们强烈地渴望什么东西的时候，以及由于生气而非常激动的时候才出现的，这和那些喝醉酒的人身上出现的情形一样，这两种激情就像酒精一样有时会使太多的动物精气进入大脑中，以至于它们不能像平常那样有序地再从大脑流向肌肉。

第一百一十九条：关于无精打采。

无精打采是一种我们可以在所有的肢体中都可以感受到的一种身体松弛和没有什么运动的状态。和颤栗一样，它也是由进入神经的动物精气的不足而引起的，但是方式是不同的。因为引起颤栗的原因是，在小腺体想推动动物精气流向某些肌肉的时候，却没有足够的动物精气进入大脑来实施它的决定，相反，无精打采的起因则是小腺体并不确定应该让这些动物精气流向某些肌肉而不是另外一些。

第一百二十条：无精打采又是如何被爱和渴望的激情引发的？

通常最容易导致无精打采这种结果的激情是爱，当爱的激情和一种对某个当前不可能获得的事物的渴望相连在一起的时候，就会如此。因为，爱会使灵魂忙于思考被爱的对象，由此就会把大脑中所有的动物精气都用来给灵魂表象该对象，并且会把所有与此并不相干的小腺体的活动停下来。至于渴望，需要指出的是，我之前曾赋予它的会使身体变得更加活跃的属性，只是在人们认为这个被渴望的事物可以从现在开始通过做些什么来获得它的情况下，才是这样的。因为，相反，如果人们认为现在根本不可能为它做什么有意义的事情的话，渴望的所有刺激就只会停留在大脑中，而根本不会达到神经，由此，由于所有的动物精气都被用来加强那个被渴望的对象的观念，身体的其余部分就会显得无精打采。

第一百二十一条：无精打采也可以被别的激情所引发。

确实，恨、悲伤，甚至是高兴也能在它们很强烈的时候导致人们感到无精打采。因为，它们会使灵魂完全忙于思考相关的对象，特别是，当那种对于某个人们在现在根本不可能获得的对象的渴望与它们相伴的时候，就会这样。但是，因为人们总是会停下来思考这些他们可以自由地亲近的对象，而不是那些与人们相分离的或任何别的东西，并且无精打采也完全与惊奇无关，它的形成是需要一段时间的，因此，是在爱中而不是别的激情中人们更容易看到这种无精打采的激情。

第一百二十二条：关于昏厥。

昏厥离死亡并不遥远，因为当心脏中的热火完全消失的时候，人就会死去，当人们窒息的时候，还会有一些剩余的热量，过后它们会把生命之火重新点燃，所以人们只是昏厥。当然，有一些身体欠安的情况，它们会使人们陷入昏迷，但是，我们注意到，在我们讨论的激情中，只有极端的高兴才能导致人们昏迷。我相信，极端的高兴引发这种情景的方式在于，它会非常特别地把心脏的洞孔打开，由此，静脉的血液就会一下子大量地涌进心脏中，以至于它们不能被心脏中的热量很快地进行稀释，从而把那些封闭着静脉入口的细小皮层提拉起来，通过这种方式，生命之火就熄灭了，而这种生命之火在血液像平常那样进入心脏的情况下一般是维持着的。

第一百二十三条：为什么人们在悲伤的时候不会昏厥？

似乎一种突然出现的极大的悲伤应该会收紧心脏的洞孔，从而也可以使生命之火熄灭，但是，人们并没有看到过有类似的事情发生，或者如果这种事情出现过的话，也是非常罕见的，我相信，其原因在于，在心脏的洞孔几乎闭合的情况下，心脏中的血液也不会太少，也完全可以维持生命所需的热量。

第一百二十四条：笑。

笑的出现在于，那通过肺动脉从右心室流出来的血液，会使人们的肺脏突然间反复地膨胀起来，这就使得肺脏中的空气被迫迅速地从喉咙中冲出来，并且在喉咙那里形成一种含糊不清而又响亮的声音。肺脏一膨胀，空气就会冲出来，它们冲击着所有相关的声膜肌肉、胸部肌肉以及喉部的肌肉，这样，就使得与这些肌肉有某种关联的脸部的肌肉也动了起来。这种伴随着模糊不清却又十分响亮的声音的脸部活动,就是人们所谓的笑。

第一百二十五条:为什么笑并不会和最大的高兴相伴随?

笑尽管似乎是高兴的一种基本的表现,但是,高兴只会在它比较适度并且有某种惊奇或某种恨与它相伴的时候,才会使人们发笑。因为,借助经验,人们发现,当人们特别高兴的时候,这一高兴的因素却从来不会使人们发笑,就像在人们悲伤的时候,人们也不会轻易地因别的原因而发笑一样。其原因在于,在人们极为高兴的时候,肺脏中总是充满着血液,因此,它根本不会被反复地膨胀起来。

第一百二十六条:笑得以产生的基本原因是什么?

我只注意到有两种原因会如此迅速地把肺脏膨胀起来。第一种原因是人们的惊叹,当它与高兴相连的时候,就可以在很短的时间内把心脏的洞孔打开,以至于有大量的血液一下子从腔静脉进入到心脏的右心室中,并在那里被稀释,进而又从那里通过肺动脉而把肺脏鼓胀了起来。另一个原因在于某种液体的混合，这种液体增加了血液的稀释化程度。关于这，我只是发现，那些从脾脏——在某种轻微的恨的情绪与惊叹的共同作用下其血液会被推向心脏，并且会与那些来自身体的别的地方的在高兴的推动下大量进入心脏的血液相混合——中出来的最为活跃的液体部分，它们可以使血液比平时要膨胀许多。这和人们在某个被安放在火上的装有大量的液体的容器中添加一点点醋，由此这些容器中的液体会一下子膨胀起来的情形是一样的。因为从脾脏流出来的血液，其最活跃部分的性质就类似于发酵的醋。经验也可以使我们看到，在所有那些能导致这种由肺脏引发的发笑的情形中，总包含着某种小小的恨或至少是惊奇的因素。那些其脾脏不太健康的人不仅仅总是易于使自己陷入悲伤的情绪中，而且有时也比别人更容易引发高兴的情绪，更容易让自己失声而大笑起来，因为，脾脏向心脏运送两种类型的血液，一种非常浓密和粗糙，会导致人们陷于悲伤；另一种非常稀薄和精细，从而会使人们发笑。通常，在大笑之后，人们自然地就容易陷入悲伤，因为脾脏中最活跃的血液部分已消耗完了，而另一种比较粗糙的血液则流向了心脏。

第一百二十七条：愤慨时人发笑的原因。

那与某种愤慨的情绪相伴随的发笑，通常是人为的和虚假的。不过，当笑是自然的时候，它似乎就来自于高兴。当人们注意到自己不可能被人们对之感到气愤的不良事物伤害到的时候，当人们因新奇的事物或完全是不期而遇的不良事物而感到惊讶的时候，就会这样。由此，高兴、恨和惊奇都有可能使人发笑。然而，我也相信，在没有任何高兴的成分参与的情况下，仅仅由于厌恶的活动，人们也会发笑。因为，厌恶的活动会把脾脏的血液运往心脏，在那里，血液得以被稀释并进入人的肺脏，在这时，如果遇到肺脏几乎是空的情况，这些血液就会很容易使肺脏膨胀起来。一般来说，所有这些能把肺脏很快就膨胀起来的活动，都会以这种方式引起发笑这样的具有外在表现的活动，当然，如果在悲伤的情况下，这会有所例外，因为悲伤可能会使人抽泣和哭叫，而不是发笑。至于为什么威福斯[1]描述自己说，如果他好长时间没有吃东西，那么他放进嘴里的头几片食物会使他发笑，这实际上也和他的肺脏有关，由于缺乏营养，他的肺脏里就不会有血液，于是最早进入嘴里的食物的糖分汁液可以从胃部流向心脏，并进而通过向肺脏输送血液从而会迅速地把肺脏鼓胀起来，而且即使是食物的糖分还没有到达心脏，而仅仅是吃东西的想法也可以有这样的效果。

---

[1] J.L.Vives(1493-1540)，西班牙人文学者，曾在巴黎大学学习，后在鲁汶大学任教，这里涉及的是他在1538年出版的著作《论灵魂与生命》。——译者注

第一百二十八条：流眼泪的起因。

就像笑从来不会由极度的高兴引发一样，流泪也不会源自极端的悲伤，而是仅仅由某种中等程度的悲伤所引发，并且在悲伤由某种爱或高兴的感觉相伴随或追随的时候才会被引发。要很好地了解流泪的起因，我们需要注意，尽管我们身体的每一个部分都可以连续地排出大量的蒸汽，可是没有任何一个部位会像我们的眼睛那样可以从中排出那么多的蒸汽来，这是由人们的视觉神经的大小，以及那些蒸汽才可以通过它们而到达人的眼睛的大量细小的动脉所引起的。正如我们说汗水是由那些从身体的其他部位排出来的蒸汽——它们在身体的表面转化成了水——所组成的，同样，我们也可以说，泪水也是由一些从眼睛中放出来的蒸汽所构成的。

第一百二十九条：蒸汽是如何转化成水的？

在《气象学》中，我在解释空气中的水蒸气是如何转化成雨水时曾经指出，雨水是由于水蒸气在没有平时活跃或比平时丰富而导致的，同样，我相信，当从身体中出来的蒸汽没有平时活跃的时候，尽管它们并不怎么多，也必然会转化成水，这就是当人们生病的时候，有时由于虚弱而会引发冷汗的原因。

我相信，当这些蒸汽比平时丰富很多的时候，只要它们并不更加活跃，它们也会变成水，这也就是当人们在做一些运动的时候，汗水会流出来的原因。但是，眼睛不会分泌出液体，这是因为，人们在做运动的时候，大部分的动物精气会前往那些使身体得以运动的肌肉中，从而很少有动物精气会通过视觉神经而前往人的眼睛。并且，正是这同一种物质，当它在静脉和动脉中的时候是血液，当它在大脑、神经以及肌肉中的时候就是动物精气，当它从身体中以空气的形式排出时就会产生蒸汽，最后，当它在身体的表面或眼睛聚集的时候就会变成汗水或眼泪。

第一百三十条：使眼睛感到疼痛的事物是如何引发泪水的？

我只注意到有两种原因会使从眼睛中排出来的蒸汽变成眼泪。第一种原因是，当那些蒸汽流经的小孔被某种可能的意外改变了形状的时候，因为，通过延缓这些蒸汽的运动并改变它们的流动次序，就可以使它们转化成水。这样，哪怕只是一根落在人的眼睛上的稻草，它也可以导致几滴眼泪，因为通过引发某种疼痛，它会改变这些眼睛上小孔的分布，也就是说，某些部分会变得更窄一些，于是蒸汽中细小的部分就通过得慢了一些，而不是像从前那样均匀地、一个个分别排出来，由此，由于这些小孔的次序被打乱了，这些蒸汽就会聚集在一起，从而转化成了泪水。

第一百三十一条：悲伤时，人们为什么会流泪？

另一种原因是，那在之后会伴有爱或高兴出现的悲伤，也会使人流泪，或者一般来说，某种可以使心脏驱动大量的血液经由动脉而流动的因素就会使人流泪。悲伤之所以能如此，是因为，通过使整个血液变得有些冰冷，它可以把眼睛上的小孔变窄。但是，由于随着眼睛小孔的变窄，悲伤也就把应该在这些小孔中通过的蒸汽的数量降低了，如果同时没有别的原因可使这些蒸汽的数量有所增加的话，就使得它们并不足以产生出眼泪了。而要想增加蒸汽的数量，没有比爱的激情更合适的了，因为正是在爱的激情中，我们可以向心脏运输大量的血液。我们也注意到，悲伤的人并不会不断地流出眼泪，只会断断续续地哭泣着，这主要是因为他们需要不时地重新回顾他们所钟爱的对象的缘故。

第一百三十二条：伴有眼泪的呻吟。

有时候，由于大量的血液涌进肺脏，并把其中的空气驱散，肺脏就会膨胀起来，那些被驱散的空气，经由喉咙而释放出来，就会产生一些呻吟性的声音或叫声，并且也总是会伴随着一些眼泪。这种叫声通常要比那些与发笑相伴随的叫声更加尖锐，尽管它们产生的方式基本上是一致的，其原因在于，要使声音变得更加宽厚或尖锐，那些用以扩张或收缩发声器官的神经，会与一些神经——这些神经在人们高兴的时候可以使心脏的孔道张开，而在人们悲伤的时候则会使它们收缩起来——联系在一起，由此，这就使得这些器官在同一时间内得以扩张或者收缩起来。

第一百三十三条：为什么小孩和老人更容易流泪？

小孩和老人要比中年人更容易流泪，但其原因却不相同。老人通常会因为喜悦和高兴而落泪，因为这两种激情连在一起会使大量的血液流向心脏，并从心脏运送大量的蒸汽到达眼睛部位，这些蒸汽的活动会被老人们秉性中的冷淡所延缓，从而使得它们很容易就转化成眼泪，尽管之前并没有任何悲伤的事情发生。如果某些老人在不快的时候也很容易流泪，这更多是由于他们的精神气质，而不是由于他们的身体禀赋使然的。这种流泪的情况只发生在那些在精神上非常虚弱的人身上，他们很容易会被一点点的疼痛、担心和悲情的东西所征服。小孩的情形也一样，他们几乎不会因为高兴而哭泣，而总是由于悲伤才落泪，即使在此时并没有爱与之相伴随。因为，小孩子总是有足够多的血液来制造大量的蒸汽，当这些蒸汽的运行因悲伤而有所滞缓的时候，它们就会转化成眼泪。

第一百三十四条：为什么有的小孩会变得脸色苍白，而不会流眼泪？

但是有些小孩在不高兴的时候，会变得脸色苍白，而不是哭泣。这显示出在他们身上有某种决断和特别的勇气，也就是说，当他们认识到来者极为不善并准备进行极力抵制，并且是以成年人处理问题的方式来行动的时候，就会这样。然而，通常来说，这是一种不良秉性的表现，也就是说，他们脸色变白，是由于他们很容易就会憎恨或害怕什么东西，因为，正是这些激情才会阻碍眼泪的形成。相反，我们看到，那些很容易就流泪的孩子更具有爱和怜悯之心。

第一百三十五条：关于叹息。

人们叹息的原因与流泪的原因是很不相同的，尽管和流泪一样，叹息也需要以悲伤为铺垫。因为，不同于肺脏充满血液的时候使人们流泪的情形，当肺脏里几乎是空的时候，则使人们叹息，这个时候，某种关于期望或高兴的想象会打开之前被悲伤收缩起来的肺静脉；这样，肺脏里剩余的一点点血液就一下子通过肺静脉落入左心室，并且，它们在那里被渴望达到这种高兴状态的情绪推动着，与此同时，这种渴望的情绪也刺激着所有的隔膜和胸腔的肌肉，于是，空气就会很快经过人们的嘴被推进到肺中，从而填补了血液让出来的空间。这就是人们所说的叹息。

第一百三十六条：某些人身上特有的一些激情效果是如何形成的？

最后，在这里为了能就激情的不同起因和不同效果可能牵涉到的所有东西再多说几句，我还想重复一下我之前所写的所有相关的内容所依据的原则，即在我们的灵魂和我们的身体之间有这样一种关联，一旦我们把某种身体的活动和我们的某种思想相连，那么，如果其中的一方没有显现给我们的话，另一方也就不会在之后显现出来，并且，人们也不会总是把同样的一些活动与同样的一些思想相连在一起。因为通过这个原则，我们就完全可以解释清楚所有那些与此相关的，任何人都可能会在自己或别人身上特别注意到的,而且之前在这里不曾被我们解释过的东西了。例如,我们很容易想到,有一些人有奇怪的厌恶行为,他们难以忍受玫瑰花的香味或者猫的出现等诸如此类的东西,这些厌恶的情绪其实是从他们生命的一开始就形成的,在那时,他们曾经被某些同样的事物侵犯过,或者他们感受到了他们的母亲在怀孕时由于曾经受到这些事物的侵犯而有的感觉。因为母亲的所有行动和她肚子里的孩子的行动之间有一种关联,这是可以确定的,因此,对其中一方不利的东西就会有害于另一方。当孩子还在摇篮里的时候,玫瑰花的气味可能会使孩子的头感到很不舒服,或者如果没有人看护,一只猫的出现会使他感到惊恐,之后他对之可能没有任何记忆,但是这种对于玫瑰花和猫的厌恶感觉则会一直在他的头脑中存在,直到其生命的结束。

第一百三十七条:这里解释的五种激情,当它们与身体相关时,它们的作用是什么?

在给出了爱、恨、渴望、高兴、悲伤等激情的定义,并探讨了导致这些激情或者伴随这些激情的身体的运动之后,我们在这里还需思考这些激情的作用。需要注意的是,根据这些激情的性质,它们都是相关于身体的,只有在灵魂与身体相连的条件下，它们才会呈现给灵魂，因此，它们本来的用途就在于激发灵魂使其同意并促成这样一些活动，这些活动可以用来维系身体的存在或使身体以某种方式变得更加完善。在这个意义上，悲伤和高兴正是用以完成这种任务的两种最基本的激情。因为，只有通过其具有的痛苦的感觉，灵魂才会马上对于那些伤害其身体的事物产生警觉，由此，痛苦的感觉就会在灵魂中首先引发一种悲伤的激情，然后是引发对导致这种痛苦的事物的憎恨，再后是引发想解脱出来的渴望。同样，只有通过某种舒服的感觉，灵魂才会马上对那些有益于我们的身体的东西有所注意，由此，这种舒服的感觉就会在灵魂中引发一种高兴的激情，然后是引发对那些认为是导致这种感觉的事物的爱，最后则是引发一种渴望，即希望获得某种东西，以使人们延续这种高兴的激情，或者之后能再次享受到某种类似的激情。因此，从身体这个角度来说，这五种激情都是非常有用的，并且，在一定意义上，在这些激情当中，悲伤是最基本的，它比高兴更必要，同样，恨也比爱更加有用，因为拒绝那些有害的并且可能摧毁我们的东西，要比获得一些可以使我们更加完美，而没有它们我们也能自我维持的东西更为重要。

第一百三十八条：这五种激情的缺陷和纠正方法。

然而，尽管上述用途是激情所能具有的最自然的用途，所有那些没有理性的动物也都只是通过一些身体的运动来维持它们的生命，它们的这些身体活动和我们人类通常会遵循的身体活动，以及激情促使我们的灵魂同意促成的那些身体活动是类似的。但是，事情并不会总是好的，也有某些对身体有害的事物从一开始就不会引起灵魂任何的悲伤，或者甚至会使人感到快乐，并且，别的对身体有用的东西，却首先会令人感到不舒服。此外，一些激情，不管它们给我们呈现的是一些有益的东西，还是不好的东西，总是会使这些东西显得比它们所应该是的更高大和更重要一些，因此，这就会使我们有些不合时宜地带着过大的热情和过多的关注来追随某些东西，并逃避另外一些东西。正如我们在动物身上也看到的，它们经常会被诱饵所迷惑，或者会为躲避一些不大的麻烦而冲向更大的陷阱。这就是我们需要运用经验和理性来区分善恶，来认识事物的确切价值的原因，因为只有这样，才可以使我们不会把好的当成坏的，不会干起事情来毫无节制。

第一百三十九条：当这些激情相关于灵魂的时候，其用途是什么？首先说爱这种激情。

如果我们只有身体，或者说身体是我们更优越的部分，那么，前面的论述已经足够了，然而，实际上身体是我们的较为次级的一个组成，因此，我们需要主要思考那些取决于灵魂的激情，在这种情况下，爱和恨来自于人们的认识，并且它们的出现要先于高兴和悲伤，除非高兴和悲伤占据了认识的位置，自己成为了某种类别的认识。当这种认识是真实的，也就是说，它让我们去喜爱的对象的确是好东西，而且它使我们去恨的对象的确是不良的，那么，爱绝对要比恨更好，它不会过于强烈，也不会使我们感到不高兴。我说这种爱非常的好，是因为，通过把真正的美好的东西与我们连接在一起，爱会使我们得以升华。我说它不会太强烈，是因为即使是最极度的爱，它所能做的，也就是使我们如此完美地与这些好的东西相连在一起，而且我们拥有的对自己的特别的爱，其情形也是一样的，我相信这决不会有什么不好的作用。并且，高兴必然会随之而来，因为，爱会向我们显示说我们当作好东西喜爱的对象是属于我们的。

第一百四十条：恨。

相反，恨不会小到没有什么损害，而且它总是与悲伤相伴。我说其损害不会很小，是因为，对不良事物的恨不会使我们产生这样一种行为，这种行为，相比于由对相反的美好事物的爱可能会使我们产生的行为来说，会对我们更适合，至少当人们对这种不好的对象和美好的事物都有充分认识的时候，情况就是这样的。我承认对不好的对象的恨——它只通过痛苦显现出来——必然相关于我们的身体，但是，在这里，我只探讨那种起因于某种清晰的认识的恨，只谈那种只是相关于灵魂的恨。我还说它总是与悲伤相伴随，是因为，只是作为一种缺失的恶，不可能在没有任何相关真实的事例的情况下被人们认识，而且根本不会存在某个真实的东西，在其中没有任何值得称道的好的成分，因此，那使我们远离某种不良事物的恨的激情，也同样会地使我们错过与该事物相关的好的东西，这种对好的事物的错失，就被当作一种灵魂自己的错误而显示给了灵魂，从而引起了灵魂的悲伤情绪。例如，那使我们远离某个人的不良习惯的恨，也就同样使我们不会注意他的谈吐，而正是在他的言语中，人们可能会发现一些我们自己不愿意错失的好的东西。同样，在所有别的憎恨中，人们也都能看到某种令人悲伤的因素。

第一百四十一条：渴望、高兴和悲伤。

至于渴望，很明显，当它是源自于某种真正的认识时，只要它并不过分，并且这种认识对它也有所节制的时候，它就不可能有什么不好。同样明显的是，在灵魂看来，高兴必定是好的，而悲伤必定是糟糕的，因为灵魂从不好的事物那里接受的所有的不便就是悲伤，而它从属于它的美好的事物那里能获得的所有的好处就是高兴。因此，如果我们没有身体的话，我敢说，我们不会过度地去爱和高兴，也不太会去逃避恨和悲伤。但是，与这些激情相伴的身体运动，在其非常强烈的时候，就可能损害我们的健康，当然，当它们比较适度的时候，它们对身体就是有益的。

第一百四十二条：与悲伤和恨相比，高兴和爱的情况。

此外，由于恨和悲伤应该是灵魂所排斥的，甚至在它们涉及一个真实认识的时候也是如此，因此，当恨和悲伤出自某种错误的想法的时候，它们就更会遭到灵魂的排斥。但是，当爱和高兴赖以构建的基础并不牢靠时，人们也可以怀疑它们究竟是否就是好的；然而我却觉得，如果人们只考虑相对于灵魂来说这些激情本身之所是，人们就可以说，尽管高兴和爱可能会比它们在有一个更好的基础的时候的可靠性要小，有用性要弱，但是它们还是要比那些同样建立在不好的东西的基础上的悲伤和恨更可取，因此，在我们不可能避免自己会偶尔出错的生命际遇中，我们总是更多地倾向于那些以美好的事物为目标的激情，而不是那些相关于恶的激情，即使这些激情只是为了使我们得以逃避某些东西也一样，甚至，通常来说，一个虚假的高兴也要比一个其原因是真实的悲伤更可取。但是，对于相对于恨的爱而言，我不敢说事情也是一样。因为，当恨符合事实的时候，它只是使我们远离包含有某种恶在其中的对象，而与这种恶的分离本身就是好事，相反，当爱并不确实时，它就使我们亲近某种可能对我们不利的东西，或者至少是某种不值得我们如此去思考的东西，这就会对我们造成不便，并使我们有所损耗。

第一百四十三条：这些激情与渴望相关时的情况。

应该真正地注意到，我刚才所谈论的这四种激情，只有当它们只是从其自身之所是而被考虑，而且它们不会导致我们做任何行动的情况下，才会这样。因为，一旦它们在我们身上激起一种渴望的激情，借助这种渴望，它们就会影响我们的具体行为，可以确定，所有那些其起因本来就不真实的东西会给我们造成损害，相反，所有那些其起因是真实的东西就可能对我们有所增益；甚至，当这些激情的基础都不好时，高兴通常会比悲伤更加有害，因为悲伤通过使人有所克制和畏惧，而以某种方式让人变得谨慎，而不会像高兴那样，会使那放任自己沉溺于其中的人变得无所顾虑和冒失起来。

第一百四十四条：关于那些其结果仅仅取决于我们的渴望。

但是，因为这些激情只有在借助它们所激发起来的渴望的时候，才能使我们有所行动，因此，我们需要特别关注一下这个渴望，而道德的主要用处恰恰就在于此。正如我刚才所说的，当渴望出自于一个真实的认识时，它总是有益的，而当它基于某个错误而形成时，就必然是恶的。似乎对我来说，人们在涉及渴望时通常所犯的错误就是，人们对那些完全取决于我们的东西和那些根本不取决于我们的东西没有给予很好的区分。因为，对于那些仅仅取决于我们的东西，也就是说是由我们的自由意志就可以决定的事物，我们只需知道不能对它们过分地加以渴望就够了，因为，完成那些取决于我们的好事，就是在追随德性。而且可以确定的是，人们不会对美德有过分热情的渴望，除非我们认为像这样的渴望必然会使我们达到成功。因为，既然事情只取决于我们，那么我们接受到的其实就总是那些我们已经在等待的完完全全的满足。但是，我们在这里通常会犯的错误从来不是我们会有什么过度的渴望，而是我们渴望得不太够。对此，最高的补救措施就是尽可能地使我们的精神摆脱所有别的那些不太有用的渴望，然后努力去清楚地认识和专心地思考那些值得渴望的事物的长处之所在。

第一百四十五条：关于那些只取决于别的原因的渴望，以及什么是运气？

对于那些根本不取决于我们的东西，尽管它们可能很好，人们也根本不应该带有激情地去渴望它们，这不仅仅是因为它们不会出现，由此，我们越是对之抱有期望，就会越痛苦，而且主要是因为，通过占据我们的思想，它们会使我们不去喜爱那些依靠我们就有可能获得的别的事物了。针对这些没有什么意义的渴望，我们有两种补救方法，一种是宽宏，我将会在后面来谈论；另一种则是，我们应该经常反思神圣的上帝，从而可以使我们认识到：自古以来，上帝就已经确定了事物的一切，除此之外，任何事物都不可能以别的方式而出现，一个事物是命定如此的，或者说具有不可改变的必然性，于是应该反对所谓的运气的说法，把它当作一个只是由于我们的理智的错误而出现的幻想来加以屏弃。因为，我们只能渴望那些我们以某种方式认为是可能出现的东西，而且，只要我们认为不取决于我们的事物取决于运气，也就是说我们判断它们可能会出现，并且在过去相似的情景中出现过，我们也就可以把它们判断为是可能的。然而，这种意见只是建立在我们对导致每一个结果的所有相关起因并不清楚这个事实的基础上的。因为，当一件我们认为取决于运气的事情并没有发生时，就说明会引起该事物出现的某个必然起因现在并不具备，因此，这件事情是绝对不可能发生的，并且在之前类似的情况中，即，同样的一个必然因素当时也并不具备的时候，这种事也没有出现过，因此，如果我们之前就已经了解这些，我们就不会把它看成是可能的，因此也不会对它有所渴望了。

第一百四十六条：关于那些取决于我们以及别人的渴望。

因此，完全应该拒绝这样一种庸俗的意见，即认为在我们之外有一种叫作运气的东西，它依据自己的喜好使事物出现或不出现，我们要认识到，所有的东西都是由神圣的上帝所引导的，其永恒的法令是完全必然和不可更改的，除非是那些被这种永恒的法令希望依靠我们的自由意志来处理的事物，对于这些事物，我们应该以我们的眼光来考察，即它们的发生并不是必然的和不可避免的，由此我们完全可以渴望它们以别的方式出现。但是，因为我们大部分的渴望都相关于这样一些事物，这些事物完全不取决于我们，也完全不取决于别人，因此，我们就应该确切地把那些只取决于我们的东西区分出来，以便我们只把自己的渴望伸展到这些对象上。对于除此之外的那些东西，尽管我们应该认为它们的结局是完全必然和不可避免的，以便我们的渴望不在这些东西身上花费精力，但是，我们还是需要去思考是应该对它们更加有所期望还是要少些期望的道理，以便有利于我们调整自己的行动。比如，如果我们要去一个地方，达到那里有两条不同的路，我们通常对其中的一条比另一条要更加确定和有把握，尽管神圣的上帝的法令可能是，如果我们取道那条我们认为是最有把握的路，我们将遇到偷盗，而相反，我们走另一条路就不会有任何的危险，我们也不应该为此而采取无所谓的态度，也不应该满足于这个法令的不可变动的必然性，而是应该追随自己的理性，即选择那条我们通常认为是最确定的路；当我们这么做时，我们的这种渴望就已经实现，而不管是否有某种不好的遭遇会发生，因为这种不好的遭遇在我们看来是不可避免的，我们没有任何理由希望自己幸免，我们仅仅是做所有那些我们的理智能够认识到的最好的事情就可以了，就如同我设想我们曾经做过一样。可以确定的是，当人们力图如此地去区分命运和运气的时候，人们就会很容易习惯于像这样来控制自己的渴望，由此，这些渴望的实现就只取决于我们自己，它们也就总是能给我们带来一种完全的满足感。

第一百四十七条：灵魂的一些内在情感。

在这里，我只补充一点想法，在我看来，这一点想法可以使我们免于遭受激情带来的任何不便，这一点想法就是，我们的好和坏主要取决于一些只能由灵魂自己在自身中引发的内在情感，这些情感和那些总是取决于某种动物精气的运行的激情是不同的。尽管这些灵魂的情感通常与一些和它们类似的激情相连，但是，它们通常也能与别的不同的激情有所交叉，甚至会由和它们相反的某种激情所引发。例如，当一个丈夫在哀悼他死去的妻子时，如果他妻子复活过来（这种事情有时会发生），他就会感到有所不快，这是因为，他的心被悲伤紧紧地抓住了，葬礼的场面，他习惯于与之交谈的某个对象的消失都使他感到悲伤；现在出现在其想象中的某些残余的爱意和怜悯使他真的流出了一些眼泪，尽管此时此刻在他灵魂的最深处，他感到有一种隐秘的高兴，这种情感的力量如此之大，以至于与之相伴的悲伤和眼泪并不能对之有丝毫的损减。此外，当我们在一本书中读到一些奇特的险事时，或者当我们在舞台上看到类似的事情上演时，有时这会在我们中激起悲伤，有时激起高兴，有时激起爱，或者恨，以及通常所有的激情，这取决于呈现给我们的想象的事物的差异；但是，我们会很高兴去感受这些激情，这种高兴是一种知性的愉悦，它可以由悲伤以及所有别的激情所引发。

第一百四十八条：德性的训练是补救激情的最好方法。

由于这些内在的情感更贴近我们，它们因此也就比那些与它们相伴而又并不相同的激情对我们具有更大的影响力，因此可以确定，只要我们的灵魂在其内部有自己满意的东西，那么所有来自别处的麻烦都不会对它有任何的损害，相反还会增加它高兴的程度，因为看到自己不能被这些激情侵犯，就会使它认识到自己的优势。而要使我们的灵魂有自己满意的东西，只要使灵魂确切地追随德性就可以了。因为不管谁像这样来做事，即如果他从来没有错过去做他判断是最好的事情（这就是我在这里所说的追随德性），他的意识就不会去责备他，他由此也就会获得一种满足，这种满足的力量足以使他觉得幸福，即使那最强有力的激情也永远不会打扰到他灵魂的宁静。

第三部分

一些特别的激情

第一百四十九条：重视和蔑视。

在对最基本的六种激情——所有别的激情都隶属于它们——做出解释之后，在这里，我将简要地谈一下那些自身具有特别之处的激情，我会再次顺着上面我清点基本的激情的顺序来进行。首先谈谈重视和蔑视。尽管这些名称通常只是指人们对于某一个事物的价值具有的不带激情的看法，然而，由于从这些看法中，总是会产生一些人们不曾给之过特定名称的激情，因此，对我来说，似乎可以用一些特定的名称来命名它们。重视，当它是一种激情的时候，就是一种这样的倾向：灵魂会向自己呈现一个受其重视的事物的价值。之所以会出现这样的倾向，其实是因一种特殊的动物精气的运行所致的，这种动物精气在大脑中的运行会加深那些相关于这个主题的印象。相反，蔑视则是这样一种灵魂的倾向：由于动物精气的运行增强了人们关于某个事物的渺小的观念，于是灵魂就总是觉得该被蔑视的事物十分的卑劣和低下。

第一百五十条：这两种激情都属于惊奇这一类激情。

因此，这两种激情都同属于惊奇这一类别。因为，当我们既没有对一个对象的伟大，也没有对其细小感到有所惊奇时，我们就只会按理性的指示来行事，既不会太过，也不会不及；

于是我们就在没有激情相伴的情况下，只是对事物有所重视或蔑视。尽管通常情况下，重视是由爱，蔑视是由恨在我们中所引发，但是，这种情况并不是普遍的，它们实际上可以只是由于人们或多或少地对一个事物具有某种热情，总是或多或少地倾向于考察该事物的伟大或渺小而得以产生。

第一百五十一条：我们对自己也可以有所重视或蔑视。

这两种激情一般可以针对各种类型的事物，但是，当我们用它们来针对我们自己时，也就是说当我们重视或蔑视我们自己的价值时，它们基本上是比较特殊的。因为，引起这种现象的动物精气的运行非常的明显，它甚至可以导致我们的神色、姿态、步伐以及一般来说所有那些可以表达一种和平时相比对自己来说更加积极或更加糟糕的意见的行为表现，都会发生相应的变化。

第一百五十二条：出于什么原因，人们可能会重视自己？

因为智慧的一个基本内容就是了解每一个人以什么方式，出于什么原因而应该重视自己或蔑视自己，因此，在这里，我想谈谈自己在这个问题上的意见。在我们身上，我只注意到有一件事情可以使我们有理由来重视我们自己，即我们的自由意志的运用和我们对自己的意志的支配。因为，只有那些取决于我们的自由意志的行为，才会使我们有理由受到表扬或责备，只要我们不会因为自己的软弱而丧失了自由意志赋予我们的权利，我们就可以成为我们自己的主人，这就会使我们看起来与上帝有些类似。

第一百五十三条：什么是宽宏？

我相信，真正的宽宏，这个能使一个人对自己的重视可以达到合理范围内的最高点的东西，一方面只是在于，他知道：真正属于自己的东西就是对自己意志的自由支配，除了良好地或糟糕地运用自己的意志之外，没什么可以使自己受到赞扬或责备；另一方面则在于，他在自身中感受到了一种因为很好地运用了自己的意志而带来的坚定和忠贞的决心，也就是说，他从来不会缺乏从事和执行自己认为是最好的事情的意愿。而德性恰恰就由此而来。

第一百五十四条：宽宏使我们不去蔑视别人。

有这种认识和对自己有这种感觉的人，他们很容易就使自己认识到，所有别的人也都拥有同样的认识和感觉，因为拥有这种认识和感觉根本不需要依赖于其他人。这就是为什么他们从不蔑视别人的原因，尽管他们经常看到其他人由于犯错，从而使自己显得如何的脆弱，可他们却总是倾向于原谅他们，而不是去加以谴责，他们相信这些人犯错实际上是由于缺乏认识，而不是没有好的意志。因此，他们从不认为自己比那些拥有更多财富和荣誉的人，甚至是那些更有精神，更有知识，更美，或者通常在某些方面超过别人的人要如何的低下，同时他们也不会自视自己比那些在自己后面的人更高贵，因为，在他们看来，所有这些东西和美好的意志比较起来其实都不值得考虑，只有为了意志，他们才看重自己，他们假定在所有别的人当中，意志也是同样存在或至少是能同样存在的。

第一百五十五条：合乎德性的谦逊是什么？

那些最宽宏大量的人，通常也是最谦逊的，而合乎道德的谦逊其实就是一种反思，反思我们本性中的缺陷，反思我们以前可能已经犯下的错误，或我们有可能会犯的错误，这些错误并不比别的人可能犯的会更小，因此，我们不会只喜欢自己而不喜欢别人，我们会认为其他人也和我们一样有自己的自由意志，他们也可以很好地支配它们。

第一百五十六条：宽宏的属性是什么，它如何能纠正激情的所有过失？

像这样拥有宽宏的人，自然就有能力干一些大事，但是，他们也不会去做自己感到不可能完成的事情。因为他们认为没有什么比向别人行善并轻视自己的利益更伟大的了，为此，他们总是对每一个人都非常谦恭、和气和友善。正是因为这样，他们完全就是自己激情的主人，特别是渴望、嫉妒、欲求这些激情，他们都能加以控制，因为对于那些并不取决于他们自己的东西，他们根本不会认为值得去多加思考；他们也能控制对他人的憎恨，因为他们重视所有人；他们也不会有所害怕，因为他们在自己德性上的信心可确保他们无所畏惧；最后，他们也能控制自己不去发脾气，因为他们很少只重视那些仅仅取决于别人的东西，他们从不会过多地注意自己的对手，不会总是想自己曾经被他们侵犯过。

第一百五十七条：骄傲。

所有那些由于其他原因而对自己拥有良好判断的人，尽管这种判断可能是真的，都并不具有真正的宽宏，而拥有的只是一种骄傲；骄傲，这通常就是一个很大的毛病，而且人们自我赏识的原因越是不妥当，它的毛病就越大。最不妥当的是人们毫无理由的骄傲，也就是说，人们骄傲并不是因为觉得在自己身上有什么值得重视的东西，而只是因为，他们从来没有做过什么有价值的事情，却想当然地认为光荣不过就是一种侵占，他们相信人们独占的越多，就越是光荣。这种毛病非常愚蠢和荒唐，如果没有人曾经被无端地吹捧过的话，我很难愿意相信有些人会甘愿如此；但是，阿谀奉承是如此普遍，以至于没有一个有如此毛病的人通常会认识到自己是在重视那些根本不值得的东西，甚至是在重视一些应该受到批评的东西，这就给那些更加无知和更加愚蠢的人提供了陷于这种骄傲自大境地的机会。

第一百五十八条：骄傲的作用和宽宏的作用是相反的。

但是，不管人们重视自己的原因是什么，只要它不是人们在自身中感受到这样的意志：自己总是能很好地运用自己的自由——我说过，宽宏正是源于此，那么它就总是会导致一种应受责备的骄傲，这种骄傲和宽宏完全不同，它的作用也完全相反。因为，所有别的美好的东西，比如精神、美丽、财富、荣誉等，通常来说，它们越是出现在少数人中，就越会受到重视，并且其中的大部分其本性是不能传递给很多人的，这就使骄傲的人总是尽力在贬低别人，而且由于成为了自己的渴望的奴隶，他们的灵魂会不断地受到憎恨、欲求、嫉妒或生气的侵袭。

第一百五十九条：不良的谦卑。

至于自卑或不良的谦逊，它们基本上是指人们感到自己比较软弱或不够坚定，以及人们就像没有完全地运用自己的自由意志一样，不能阻止自己去做一些自己也知道做了之后肯定会后悔的事情，此外，它们也指人们认为依靠自己不能生存下去，认为依靠自己不能获得一些相关于别人的东西。同样，这种激情也是和宽宏直接相反的，通常的情况是，那些在精神上最卑微的人也同时是最傲慢和自大的，同理，那些最宽宏的人也往往是最谦逊和恭让的。但是，和精神强大又宽宏大度的人从不会因为个人的幸运或不幸而在心情上有什么变化不同，那些软弱和卑微的人只会被运气牵着鼻子走，好运使他们自我膨胀，不幸使他们变得卑微。人们通常也会看到他们会在那些他们等待能给他们一些好处或害怕会给他们某种伤害的人附近可耻地点头哈腰，而同时则会在那些他们不会对之有所乞求或不会有任何担心的人们头上蛮横无理。

第一百六十条：在这些激情中，动物精气的运行是怎样的？

除此之外，我们很容易就可以认识到，骄傲和自卑不仅仅是不道德的行为，而且也是一些激情。由于这些激情，那些因为某种偶然因素而突然骄傲起来或突然陷入沮丧的人，他们的激动情感会非常明显地表现出来。但是，在涉及宽宏和谦逊这两种德性时，人们则可以怀疑，它们是否也是一些激情，因为这两种激情的外在表现并不明显，由此，似乎道德与罪恶所引发的激情是不一样的。尽管如此，我还是没有理由不承认，那使一种其依据是并不怎么正确的思想得以加强的动物精气的运行，和那使一种其依据是完全正确的思想得以延续的动物精气的运行实际上是同样的一种行为。由于骄傲和宽宏都在于人对自己有良好的判断，而差别则仅仅在于，这种判断在人们骄傲的时候是错误的，而在人们宽宏的时候则是正确无误的，因此，似乎人们应该把它们归结为同一种激情，这种激情是由惊奇、高兴和爱等行为组合起来的某种活动所引发的，它或者针对自身，或者则相关于某个使人们自我重视的事物。相反，那使人谦逊的行为，不管是合乎道德的，还是不道德的，都是由惊奇、悲伤和对自己的爱所构成，并与人们对自身的一些缺陷——它们会使我们蔑视自己——的恨，所结合在一起而形成的。我注意到，这些行为的全部差异就是，惊奇的行为有两个特性，一是它使得那与其相关的动物精气从一开始运行的时候就非常的强烈,其次,这种动物精气的运行在延续中是比较均匀的,也就是说它们在大脑中总是以同等的量在运行着。第一个特性在人们骄傲和沮丧的时候要比人们在宽宏和合乎道德的谦逊的时候更明显一些,相反,后一种特性则在宽宏和谦逊中要比在骄傲和沮丧中显得更加突出。其原因在于,罪恶通常来源于无知,正是那些对自我的认识极为不够的人才最容易不合时宜地陷入骄傲和自卑之中,因为所有那些向他们显现出来的新事物都使他们感到惊讶,并且通过把这些事物都归属于他们自己,于是他们就开始对自己有所评判,根据这些事物是否对他们有利而开始要么自我欣赏,要么自我鄙视起来。但是,由于在一个使他们开始骄傲起来的事物出现之后,通常则会有另一些事物又使他们感到羞愧,因此,他们的激情行为总是充满了变动。相反,在宽宏以及与之相似的合乎道德的谦逊中,就不会有这些现象,也不会有什么东西能使它们有所改变,这就使得其动物精气的运行显得比较平稳、均匀而没有什么变化。但是,宽宏、谦逊和惊讶的关联与骄傲、自卑和惊讶的关联是不同的,因为那些因宽宏和谦逊而自我重视的人,他们对自己为何如此地重视自己的理由有着足够的认识。然而,尽管如此,人们还是可以说,这些理由是如此的美妙(即,人们有对自己的自由意志的操控能力,它使人们可以掌控自我,人们也有对拥有这种能力的人身上的相关缺陷的认识，这使得人们不至于过于自我陶醉），以至于人们在每一次面对它们的时候，都总是能在头脑中涌现出一种新的惊奇。

第一百六十一条：如何能达到宽宏？

应该注意到，我们通常所说的德性就是人们灵魂中的一些习惯，它们使灵魂倾向于某些思想，由此，德性不同于这些思想，但是德性能创造思想，相应地，也能被思想所创造。同样需要注意的是，这些思想可以只通过灵魂而被创造出来，但是，通常的情况是，某种动物精气的运行强化了人们的这些思想，于是在这种情况下，这些思想就成了某种道德的行为，并且同时也就是一种灵魂的激情。这样，似乎良好的出生不会有助于人们形成德性，因为德性就在于使人们只根据自己的相应价值而看待自己；尽管人们很容易就相信，上帝放置在我们身体中的所有灵魂并不都是同样的高尚和强大（这就是我按照我们语言的用法来把这种德性命名为宽宏，而不是像人们在经院哲学那里称之为高贵[1]——在经院哲学中这种德性并不为人们熟知——的原因），然而，可以肯定，良好的教育对于矫正我

---

1 Magnanimite。——译者注

们出生的缺陷是非常有用的，并且，如果人们经常思考自由意志的内涵，认识到通过良好地运用我们的自由意志而拥有坚定的决心是多么的有好处，而另一方面，那使人自命不凡的东西又多么的空洞和没有意义，人们就能在自身中激发起一种激情，继而就可以达到一种宽宏的德性。可以说，这种德性是打开其他所有德性的钥匙，是纠正激情的所有不端后果的良药，我觉得，这非常值得我们重视。

第一百六十二条：敬重。

敬重或尊重是灵魂的这样一种倾向：灵魂不仅仅重视它崇敬的对象，而且也会带有某种畏惧而听从于它，以试图使它能对自己有些好感。这样，我们只会对于一些不可把握的因素，即我们判断有可能使我们获得某种善或恶的事情，才会有所敬重。因为，对于那些只会让我们等到好的结果的东西，我们宁愿去爱和仰慕而不会是简单的敬重，而对于那些只会让我们获得不好的结果的东西，我们只会去恨；如果我们并不认为这种善或恶的因素是不可把握的，我们也就不会顺从于它，从而来使它对我们有所好感。同样，当那些异教徒们对树木、泉水或高山感到有某种敬重的时候，他们并不是在敬重这些死气沉沉的东西，而是在敬重那些他们认为主宰着这些事物的神圣的东西。引发这种激情的动物精气的活动就是由引发惊奇和畏惧（我将在后面谈到它）的动物精气的活动所组合而成的。

第一百六十三条：鄙视。

实际上，我所命名的鄙视，是灵魂的这样一种倾向，即他轻视这样一些不可把握的因素，认为尽管该因素从其本性来说可能会给我们造成一定的善或恶的影响，然而它的力量又远远在我们之下，因此它实际上既不可能给我们带来什么善，也不会带来恶。引发这种激情的动物精气的活动是由引发惊奇和安心或勇敢的动物精气的活动所构成的。

第一百六十四条：这两种激情的作用。

精神上的宽宏和虚弱，或者精神上的卑微就决定了这两种激情作用的好坏。因为，人们越是拥有高尚和宽宏的灵魂，人们就越力图给每一个人都提供属于他自己的东西，由此，人们不仅仅有一种在对照上帝时的很深的谦卑感，而且人们也可以毫不犹豫地根据每一个人在世界中的位置和力量而给予他们以相应的荣誉和应该属于人类的尊重，同时人们也就只会鄙视那些罪恶的东西。相反，那些精神上比较低下和虚弱的人则总是会因为做事没有节制而犯错，有时，他们会崇敬和敬畏一些实际上只值得鄙视的东西，有时他们则会傲慢地无视那些最值得崇敬的事物。他们通常会很快地从极端的亵渎什么转变成对它盲目的迷信，又从迷信转回亵渎，因此，没有什么罪恶，也没有什么精神的错乱是他们不可能犯的。

第一百六十五条：关于期望和担心。

期望是灵魂的这样一种状态：它认为自己渴望的东西会突然出现，这是由一种特殊的动物精气活动引发的，即由高兴和渴望的相关活动相混合所引发的。担心则是另外的一种灵魂状态，它认为自己渴望的东西将不会出现。需要注意的是，尽管这是两种相反的激情，然而，人们还是能同时都拥有它们，也就是说，当人们同时拥有不同的理由，一方面认为自己渴望的东西实现起来并不难，另一方面则认为又很难时，就会这样。

第一百六十六条：关于安心和失望。

这两种激情，其中的任何一种都不会与渴望相伴随，也不会给对方留任何空间。因为，当人们的期望非常强烈，以至于它把所有的担心都驱散了的时候，期望就变成了安心或自信。而当人们已经确信人们渴望的东西将会突然出现的时候，尽管人们会继续希望它的突然出现，然而人们就不会再被渴望的激情所激动了，而之前这种渴望则总是使人焦虑地寻找答案。同样，当人们的担心非常强烈时，这种担心就打消了我们所有的期望，它也就进而转化成了失望，它会使我们认为事物的出现是不可能的，这样，失望就会把我们的渴望又完全浇灭，因为渴望只是针对可能的事物的。

第一百六十七条：关于嫉妒。

嫉妒是一种担心，它与一种人们拥有的想保留自己对某个美好事物的所有权的渴望相关，它的出现并不是由于人们有很强的理由认为自己可能会失去该事物，而是由于自己对该事物太过重视，这种情绪就会使人们去检查那可能出现的哪怕再小不过的一点点疑虑，来加以认真对待。

第一百六十八条：在何种情况下这种激情是可接受的？

相比那些不太重要的东西，人们应该更想保留那些更重要的好东西，因此，这种激情在某些场合下可能是正当和可接受的。比如，一个有很重要职位的官员有权利为保护自己的位置而有所猜忌，也就是说，他有权利防范自己的职位可能会被人们以各种各样的方式所侵占；一个正直的女人为保护自己的名誉而有所猜忌也是的正常，这意味着她不仅仅想避免做错事情，而且还想避免遭受哪怕是再小不过的一点点流言蜚语，这不需要受到责备。

第一百六十九条：这种激情在什么情况下应受批评？

但是，当一个吝啬鬼为努力保护自己的财富而胡乱猜忌时，人们就会嘲笑他，也就是说，当他贪婪地注视着自己的财宝，因为害怕自己的财富会被别人偷去，从而一步也不想离开时，就会这样，因为金钱并不值得像这样去花大力气保管。人们会鄙视那些猜忌其妻子的男人，因为这表明他的爱是有问题的，他对自己或对其妻子的判断也值得商榷。我说他的爱是有问题的，是因为，如果他真的爱他的妻子，他就不应该对他的妻子有任何怀疑。但是，实际上，他爱的不是他的妻子，而仅仅是他想象中的独占其妻子的好处；并且如果他不认为自己配不上他的妻子，或者他的妻子实际上并不忠诚的话，他也不会担心失去这种好处。此外，这种激情只相关于猜疑和不信任，因为这和人们在有合理的担心理由的情况下去努力躲避某种不良后果的猜忌行为并不相同。

第一百七十条：关于犹豫不决。

犹豫不决也是一种担心，它使灵魂在各种它可以实施的行为中摇摆不定，从而不去实施任何一种行为，于是，也就使得灵魂在做出决定之前可以有时间去进行选择。这样，犹豫不决的确会有某些好的作用。但是，当它持续的时间比应该需要的时间更长时，也就是说使人们用了本来是用来行动的时间来思考对策时，这就完全错了。我说它是一种类型的担心，因为情况也可能是这样的，当人们在同样美好的事物之间进行选择时，人们在不确定和犹豫中实际上并没有感到有任何的担心，这是因为，这种犹豫不决只是起因于某种显现给我们的对象，而完全与任何精神的情绪无关，因此，如果这只不过是人们在缺乏选择从而使得事情的不确定性相继有所增长的情况下而有所担心的话，它就不是一种激情。但是，这种担心在有些人那里很常见也很强烈，以致情况经常是这样的：尽管没有什么需要选择的，而且他们看到也只有一件事情可做，但是这种担心却使他们停了下来，并去徒劳地思考事情的别的可能性。这样，这就是一种过度的犹豫不决了，它之所以可能，就是由于人们有一种想要好好做事的过于巨大的渴望，以及他们在理智上的不足，即他们的理智并没有对事情做出清楚、明白的判断，而只是充满了太多混乱的东西。正是因为这样，其相关的补救方法就是要养成一种习惯，即对所有显现出来的事物都要形成确定、坚决的判断，要习惯于相信，人们做自己认为是最好的事情时，就是在完成自己的任务，尽管人们的判断也许可能并不正确。

第一百七十一条：关于勇气和果敢。

勇气，当它是一种激情，而不是一种习惯和自然的禀赋时，就是一种热情和激动，它使得灵魂能够有效地去做他想做的任何类型的事情。而果敢则是一种勇气，它使灵魂可以去完成一些最危险的事情。

第一百七十二条：关于好胜。

好胜也是一种勇气，但却是另一意义上的勇气。人们可以考虑把勇气看作是这样一种东西，它可以依据其目标的不同而区分为不同的类别，也可以依据其起因的不同而区分为不同的类别。依据第一种方法，果敢是一种勇气，依据第二种方法，好胜也是一种勇气。而且好胜是这样一种热情，它使灵魂去从事一些它看到别人成功实现的，从而自己也希望能实现的事情，同时，它也是一种勇气，外在的原因就是他的榜样。我说外在的原因，是因为除此之外，总是还应该有一种内在的原因，即人们有这样的一种身体结构，它使得人们的渴望和期望能有更大的气力去驱动大量的血液流向心脏，而不会被担心和失望所阻止。

第一百七十三条：果敢如何取决于期望？

因此，我们需要注意到，果敢的对象（l'objet）是困难，这种困难通常导致人们感到一种担心，或者甚至是绝望，因此，正是在面对最危险、最没有希望的事情时，人们才需要最果敢，最有勇气。尽管是这样，这人们也还需要希望甚至确信自己为自己设定的目的（la fin）将是可以达到的，从而来有力地对抗自己所遇到的困难。不过，这种目的和果敢所面对的对象是不同的。因为，人们在同一时间对于同一事物不能既确定又失望。当德西人投入敌人的阵营而走向死亡时，他们如此果敢的对象是要在这种行动中保存自己生命的困难，面对这种困难，他们只会感到绝望，因为可以肯定他们将难逃一死；但是，他们的目的则是想以自身为榜样来激励自己的士兵，让他们去赢得胜利，对此，他们充满了希望，或者，他们的目的是在死后可以拥有光荣，对这一点，他们也是确定的。

第一百七十四条：关于怯懦和害怕。

怯懦与勇气正相反，它是一种颓丧或冷漠，它阻止灵魂去做一些如果不是怯懦的话，它可能会去做的事情。害怕或恐惧则与果敢相反，它们不仅仅是一种冷漠，而且也是一种灵魂的骚乱和不安，它们使灵魂不能够去与将要降临的灾难进行对抗。

第一百七十五条：怯懦的用途。

尽管，我不相信，自然会给人类提供某种总是邪恶的并且没有任何好处和积极作用的激情，但是，我还是难以想象怯懦和害怕这两种激情的可能用处。我觉得，怯懦的激情似乎只有在使人们免于遭受一些由于某些切实的原因可能会使人遭受的痛苦的时候，而且如果这一激情不是由其他更加确定的原因——它们使我们认为上述的原因是无效的——引起的话，它才是有几分用途的。因为，除了使灵魂免于遭受痛苦之外，它对身体也是有用的，通过延缓动物精气的运行，它可以阻止人们挥霍自己的力气。但通常的情况是，这种激情非常有害，因为它动摇了人们要进行有效行动的意志。由于这种激情只是起因于人们没有足够的期望和渴望，因此只需要人们在自身中增加这两种激情来对怯懦进行矫正就行了。

第一百七十六条：害怕的用处。

至于害怕或恐惧的激情，我看不出它有什么可赞扬的和有用之处，而且，它不是一种特别的激情，而不过是一种过度的怯懦、惊惧和担心，这种过度又总是有害的；因此，就像果敢是一种过度的勇气，但是只要人们为自己设定的目的是好的，它就总是有益的。由于引起害怕的基本原因是惊讶，因此要想避免这种情况，没有什么比对可能会引发人们害怕的事情和担心预先作好规划和准备这更好的方法了。

第一百七十七条：关于内疚。

意识的内疚是一种悲伤，它起因于人们怀疑有一件人们在做的或者已经做了的事情实际上是不好的。内疚必然以怀疑为前提。因为，如果人们完全确定人们做的事情就是不好的，人们就不会去做了，这主要是因为意志只会倾向于面对那些看起来是好的东西。如果人们已经确定自己已做的事情是不好的，就会有所后悔，而不仅仅是内疚。这种激情的用处是促使人们去检验自己有所怀疑的东西到底是不是好的，并且防备人们在还没有确定它到底是不是好的情况下再一次这样做。但是，由于内疚以不好的东西为前提，因此，人们最好还是不要有机会去感受这种激情，人们可以用避免犹豫不决那样的方法来预防它的出现。

第一百七十八条：关于嘲笑。

嘲弄或嘲笑是一种混合着恨的高兴，它源于人们看到在一个人那里有某种不怎么严重的不幸，并且认为这个人就该如此。对这种不幸，人们感到憎恨，但由于人们又看到这人正该如此，于是人们会感到一种高兴。当事情出现得比较突然时，惊奇中的惊讶因素就会使人们发笑，正如我们在上面谈论笑的性质时所说的那样。但是，这种不幸应该是比较小的，因为如果它比较严重，我们就不能认为他就该如此，这样认为的人或者本性上是坏的，或者是对那个人存有很大的仇恨。

第一百七十九条：为什么那些最有缺陷的人总是最爱嘲笑别人？

人们看到，那些有很明显的缺陷的人，比如那些瘸腿、独眼、驼背之人，或者那些曾经在公共场合遭受过侮辱的人，他们就特别易于嘲笑别人。因为，他们渴望看到所有其他的人也和他们一样，于是他们在看到在别人身上发生什么不幸的时候就会感到很高兴，并且认为他们就应该遭受这种不幸。

第一百八十条：嘲讽的作用。

适度的嘲讽使一些毛病显得荒唐可笑，然而嘲讽者却并不会嘲笑这些毛病，也不会对具有这些毛病的人表现出任何的憎恨。适度的嘲讽并不是一种激情，而是高贵之人身上的一种品质，它显示了人们那轻松愉悦的性情和灵魂的宁静，而这些正是德性的标志；通常，它也显示出人们精神上的机智，正是由此，人们才能对他们嘲讽的对象表现出一副轻松的样子。

第一百八十一条：嘲讽中笑的作用。

当听到别人的嘲讽时，发笑并没有什么不合适，有些嘲讽听起来非常的可笑,以至于我们很难做到不笑出来。但是,当听到有人在自我嘲讽时,我们应该克制住不笑,以便不要显得被他所说的事惊住,也不要去赞美他这么做所表现出来的机智。这样,听到这些嘲讽的人越多,嘲讽就越具有打动人的效果。

第一百八十二条:关于嫉妒。

人们通常所说的嫉妒是一种恶,其本性是不道德的,它使人们对于他们所看到的发生在别人身上的好事感到不快。但是,我在这里想用这个词表示一种并不总是不道德的激情。嫉妒,当它是一种激情的时候,是一种混合着恨的悲伤,它起因于人们看到有某种好的东西出现在了一些他认为不配拥有这种东西的人身上。人们只能认为他拥有这些好东西不过是源于好的运气罢了。因为那些灵魂的,甚至是身体的好东西,这是人们一出生就拥有的,是人们可以配得上的,因为这是人们在能够做任何的恶行之前就已经从上帝那里接受了的东西。

第一百八十三条:嫉妒如何能是正当和不正当的?

当运气带给某个人一些财富,而且他确实不配拥有这些东西时，我们就会有所嫉妒，之所以如此，是因为我们本性上向往着公平，我们会对公平在这些财富的分配中没有得到体现而感到生气，这是一种可以原谅的热情；尤其是，当人们嫉妒的属于别人的好东西具有这样的性质，即它会在别人的手中变成不好的东西时，就像是一个正常运行的岗位或职能可能会被他们搞乱一样。甚至，当人们渴望自己也拥有同样的好东西，并且人们又不能拥有它时，人们也会嫉妒，因为别的更不配拥有它的人却占有了它，这就使得这种激情变得更加强烈，这还是可以被原谅的，只要这种嫉妒中所包含的恨针对的仅仅是他羡慕的好东西没有得到好的分配，而不是针对那占有它和分配它的个人。但是，很少有人会如此的正直和宽宏，以致在面对那些抢先获得了某个不可能和别人分享的，而且他们自己也已经垂涎了很久的好东西的人的时候，尽管这些人和他们同样或比他们更配得到这个好东西，他们会完全不心生恨意。通常，最令人嫉妒的，就是别人所拥有的光荣。因为，尽管别人的光荣不会阻止我们也可以去对之有所向往，但是它会使那通往光荣的道路显得更加艰难，人们为此所需要付出的代价也就变得更大一些。

第一百八十四条：嫉妒之人脸色比较灰暗的原因。

此外，没有任何一种恶会像嫉妒一样有损于人们的幸福。

因为，受此激情冲击的人除了自己会感到痛苦之外，他们还会尽其所能地影响其他人的快乐。嫉妒之人，他们通常会脸色灰暗，也就是说脸色苍白，同时混合着黄色和黑色两种颜色，就像青肿的血色一样。正是由此，在拉丁语中，人们也把嫉妒命名为青蓝色[1]。这和我们前面说过的人们在悲伤和憎恨时血液的运行是非常一致的。因为，憎恨会带动黄色的胆汁，使其从肝脏较为下面的部位流出来，同时也会把脾脏中的黑色东西导引出来，使它们经过大动脉而从心脏扩散到所有的静脉中；而悲伤则会使静脉中的血液热量降低，并且使它们运行起来比平时更加缓慢，这就足以使血液的颜色变青了。但是，由于胆汁——不管是黄的还是黑的——也可以出于别的原因而被运往静脉，而且如果嫉妒并不强烈，持续时间也不长的话，它就不足以大肆地推动它们来改变面部血液的颜色，因此人们不应该认为所有那些脸色铁青的人都容易嫉妒。

第一百八十五条：关于怜悯。

怜悯是一种悲伤，它混合着爱，或者说伴有一种良好的意愿，这种意愿主要是针对那些我们不忍心看到他们遭受某些他

---

[1] 拉丁语，livor。——译者注

们并不应该承受的痛苦的人的。怜悯是与嫉妒相对的，因为它们关注的对象不同，它也与嘲笑相反，因为其考察对象的方式是不同的。

第一百八十六条：什么人最有怜悯之心？

那些自我感觉非常软弱并且觉得自己总是命运不济的人，他们似乎比别人更容易感受到这种激情，因为他们会把他人的不幸看作是有可能在自己身上发生的，这样，他们更多地被他们对于自己的爱，而不是针对别人的爱，所激动起来而陷于怜悯的激情中。

第一百八十七条：为什么最宽宏的人会受到这种激情的影响？

但是，那些最宽宏的人，以及那些精神力很强的人，他们并不会担心有什么不幸会降临，也不会让自己去受所谓的运气的摆布，可当他们看到别人遭受了不幸，听到他们在发出抱怨时，也不能避免自己会对之心存同情。因为，对所有的人都存有好的意愿，这正是宽宏应有的一部分含义。但是，这种怜悯性的悲伤并不怎么苦涩，这和人们看到舞台上悲惨的行为所引发的悲伤类似，由观看戏剧所引发的悲伤，它主要打动的是灵魂的表层部位、它的感性部分，而不会触及灵魂的深处，在这个时候，灵魂会想到自己是出于自己的本分从而来同情那些不幸者的，这就使它拥有了一种满足感。同样是怜悯，其各自的情况还是有所不同的，普通的人同情那些抱怨叫屈的人，因为他们认为这些不幸者遭受的痛苦是很苦涩的，和这种情况不同，最崇高的人，他们怜悯的基本对象则是那种在自我抱怨的人身上所体现出来的软弱性，因为他们从来不会认为有什么可能发生的意外会如此凶恶，以至于人们完全不可能依靠自己的顽强来加以承受，从而使得人竟然可以如此软弱。尽管他们痛恨罪恶，但是他们从不会为此而憎恨那些易于走向罪恶的人，他们只是对这些人心存怜悯。

第一百八十八条：什么人从来不会有这种激情？

但是，那些在精神上邪恶、嫉妒，从而自然而然地憎恨所有人的人，或者那些性情冷酷，并被些许的运气蒙蔽了眼睛，或者因不幸而已深感绝望，因此从来不去考虑会有什么厄运还会降临的人，只有他们才可能没有怜悯之心。

第一百八十九条：为什么这种激情会使人流泪？

此外，在承受这种激情的时候，人们很容易会让自己哭泣起来，这是因为，这种激情中所混合的爱，会把大量的血液运往心脏，这样，就会使大量的水汽从眼睛流出；并且悲伤的冷淡延缓了这些水气的运行，于是它们就转化成了泪水，就像我们在前面谈论流泪时所说的那样。

第一百九十条：关于自我满足。

那些坚定地遵循着德性来行事的人总是会感到一种满足，这是一种灵魂的惯性，我们通常称之为意识的平静和安宁。但是，那种人们通过自己不久前刚刚完成的某个自认为是好的行动而新近获得的自我满足则是一种激情，也就是说，这是一种高兴，我认为它是所有激情中最甜美的，因为它的起因只是在于我们自身。然而，当这种起因并不恰当时，也就是说，当人们为此感到满足的行为并不很重要，或者甚至是比较邪恶时，它就是荒唐的，只会使人们在自己身上滋生出一种骄气和无礼的傲慢。人们尤其可以注意到，那些自己相信自己笃信宗教的人，他们只不过是在过分地虔诚和迷信着什么，也就是说，他们借口说自己经常去教堂，做了很多祈祷，留短头发，做斋戒，施舍财物，于是就认为自己非常完美了，想象自己是上帝很重要的朋友，因此不会做任何让上帝不高兴的事情，他们的这种激情带给他们的完全就是一种还算不错的热情，但是应该注意，这种激情有时也会授意他们去做一些人们有可能会犯下的最为邪恶的勾当，比如背叛自己的城市，杀害君主，仅仅因为民众不遵从自己的意见就剿灭他们等。

第一百九十一条：关于后悔。

后悔则正好和自我满足相反，它是一种悲伤，起因于人们相信自己做了什么不好的行为。这种激情非常的苦涩，因为它只是源于我们自己的过错。然而，这并不妨碍它有时是很有意义的，即当我们对之感到后悔的行为的确是糟糕的，而且我们对此有了确定的认识时，因为这会使我们在下一次遇到同样的情况时努力把事情做好。但是，通常的情况是，一些精神力量比较虚弱的人在还没有确定自己做的事情到底是否不好时，自己就感到懊悔不已，他们之所以会产生这样的想法，其实就是因为担心，并且，相反地，即使他们做了好的事情，他们同样也会有所后悔，原因就在于他们身上有一种值得人们怜悯的缺陷。补救这种缺陷的方法和我们消除犹豫不决的方法是一样的。

第一百九十二条：喜爱。

确切地说，喜爱是一种渴望，渴望看到某些好的东西发生在人们对之有良好意愿的人身上，不过，我在这里运用这个词是指这样一种意愿，它是由我们对之有良好意愿的人的某些美好的行为在我们身上所激发起来的。因为，我们很自然地会喜爱那些做了在我们看来很美好的事情的人，尽管这对我们来说并没有任何的好处。在这个意义上，喜爱就是一种爱，而不是渴望，尽管那种我们希望看到好的事情降临到我们欣赏的人身上的渴望总是会与它伴随着。这种激情通常也是与怜悯相连在一起的，因为我们看到的那些发生在不幸的人身上的灾难会使我们更加注意他们的价值。

第一百九十三条：感激。

感激也是一种爱，它是由我们对之心存感激的某个人的某种行动所引起的，正是通过其行动，我们相信他给我们做了某件好事，或者至少他曾经想为我们来这样做。感激包含着和宠爱相同的内容，此外，感激还是建立在这样的一种行动上的：这种行动触动了我们，并且使我们渴望对之能有所回报。这就是为什么基本上它在那些稍微有些高尚和宽宏的人中会更有力量的原因。

第一百九十四条：关于忘恩负义。

忘恩负义并不是一种激情，因为自然在我们身上并没有安置任何的动物精气活动来引发它，它只不过是一种正好与感激相反的恶，因为感激总是一种合乎道德的行为，是人类社会的一个基本的纽带。因此，这种恶只相关于那些生性残酷之人，以及那些认为所有的东西都应该归属于他们的盲目自大之人，或者那些愚蠢的根本不反思自己都获得了什么利益的人，还或者那些软弱而无耻的，总是认为自己有缺陷，需要帮助，从而卑鄙地向别人求助，而一旦获得了别人的帮助后，却又开始憎恨别人的人，因为，他们这些人根本就不想归还别人同样的东西，或者说他们对自己的归还能力心存绝望，想象所有的人都和他们一样唯利是图，只会带着希望得到回报的心情来做任何好事，从而认为已经骗过了别人而得到了便宜。

第一百九十五条：关于愤慨。

愤慨是一种恨或厌恶，人们从本性上来说会自然而然地对作恶——不管什么类型的恶——的人感到愤慨。愤慨通常会与嫉妒或者怜悯混合在一起，但是，其对象是完全不同的。因为，人们只会对那些对别人做了他们不应该得到的好事或不应遭受恶事的人感到愤慨，而嫉妒是针对那些获得了好处的人，怜悯则是针对那些遭受了不幸的人的。的确，正是通过某种方式来作恶，一些人占有了他们实际上完全不配拥有的东西。这可能就是亚里士多德及其追随者们，通过假定嫉妒总是一种恶，而以愤慨来称呼那并不具有罪恶属性的嫉妒的原因。

第一百九十六条：为什么愤慨在有些时候和怜悯相连，而有些时候则会和嘲笑相连？

正如人们所言，自作自受，由此一些人在愤慨的同时也会感到一种怜悯，另外一些人则会对此心存嘲笑，具体情况要依据他们对犯下这些错误的人所持的态度而定，如果他们对这些人有良好的意愿，就会既愤慨又怜悯，反之则是愤慨和嘲笑。这同样也是为什么出于同样的原因德谟克利特发笑而赫拉克利特则流泪的原因。

第一百九十七条：愤慨通常与惊奇相伴，而且也能与高兴共存。

惊奇通常会伴随着愤慨而出现。因为我们习惯于认为所有的事情将会以我们判断应该如何的方式来发生，也就是说以我们认为是好的方式来达成，因此，当一件事情的发生出乎我们的意料时，我们就会感到惊奇。愤慨与高兴也是能共存的，尽管它通常更多地会和悲伤相连在一起。因为，当那种我们对之感到愤慨的罪恶并不能伤害我们，并且我们认为我们自己并不会去做类似的事情时，我们就会感到高兴，这可能就是有时候发笑会和这种激情相伴随的其中一个原因。

第一百九十八条：愤慨的运用。

此外，愤慨在那些想要显示自己的德性的人那里比那些确实有道德的人那里更容易表现出来。因为，尽管那些爱好道德的人在看到别人的罪恶行径时，总是会心生厌恶，但是，他们只会对于那些最重大和最特别的罪恶行径才会感到愤慨。而对于那些并不怎么重要的事物来说，人们很难会有多么的愤慨，多么的沮丧；此外，对于那些从来不应该受到责备的人有所愤慨，这也是不合适的；最后，如果我们不把这种激情限制在人类的活动范围之内，而任其伸展到上帝或大自然的作品中，使得那些从来就不会对自己拥有的条件和命运感到满意的人敢于去指责世界的秩序和上帝的秘密，这也是不合适和荒唐的。

一些特别的激情

第一百九十九条：发怒。

发怒也是一种恨或厌恶，我们对于那些做了某种错事，或者那些试图伤害别人——不是随便什么人，而特别是我们——的人会感到生气。发怒和愤慨的内容是一致的，而且，发怒是建立在一种触动了我们，并且我们渴望对之施行报复的行为之上的。由于这种试图施行报复的渴望几乎总是与发怒相伴而出现，于是，发怒就正好与感激相反，就像愤慨与喜爱直接相对一样。但是，发怒要比这里的其他三种激情都要更加激烈，因为那种想要击退有害事物和试图进行报复的渴望是最为急迫的。正是由于它关系到人们对自己的爱，因此，这种渴望就可以给发怒提供一种特别的血液活动，正如勇气和果敢能做到的一样；而由于恨，于是主要是上那些混合有胆汁的血液——它们来自于脾脏和肝脏的一些细小静脉——会被推动着进入人们的心脏中；在那里，由于这些血液的体量较大，并且还混合着胆汁，从而具有一定的胆汁的性质，于是这就会使得一种特别的热量产生了出来，这种热量要比那种由爱或高兴所激发起来的热量还要更加粗暴和激烈。

第二百条：为什么那些因发怒而脸色通红的人要比那些因发怒而脸色苍白的人较少令人感到害怕？

在不同的人身上，这种激情的外在表现是不一样的，具体情况需要根据人们的不同品行和别的组成它的或与它相连的激情的情况来定。我们看到有些人在发怒的时候脸色苍白，或者会身体颤抖，而另外的一些人则会脸色通红，或者甚至会哭泣。人们通常认为那些发怒时脸色苍白的人要比那些脸色通红的人更令人感到害怕。原因在于，当人们只想或只能依靠外表和语言来进行报复的时候，人们就会从他们一开始被惊动起来的时候就动用自己所有的热量和力气来进行应对，这就使人们的脸色开始变红，此外，有些时候还会发生这样的情况，人们因为自己不能以别的方式来进行报复就会对自己心生悔恨和怜悯，从而开始哭泣起来。相反，那些在压制着自我并暗下决心要实施更大的报复行动的人，他们则会变的悲伤起来，他们对因一个行为使自己感到生气就必须这样来进行报复而感到悲伤，有时则会对于如果追随自己的决定而可能导致的不良后果感到担心，这首先就会使他们的脸色开始变白，接着身体发冷，并战栗起来。但是，当他们实施完自己的报复行动回来之后，如果在之前他们身体发冷得越厉害，那么现在他们的身体就燥热得越厉害，就像我们看到由于风寒所引起的发烧往往最厉害一样。

第二百零一条：有两种类型的发怒，那些心地最为善良的人最容易有第一种发怒。

在这里，我们由此知道的是，我们可以区分两种类型的发怒，一种显得非常迅捷，并且会有明显的外在表现，然而它的效应并不大，并比较容易被平息下来；另一种在一开始并没有什么明显的迹象，但是却会不断地折磨人的心灵，并且会具有更加危险的效果。那些心地善良和很有爱心的人，他们的发怒往往是第一种类型的。因为，这种发怒不是源自于人们具有的某种较深的恨意，而是由他们突然感受到的一种即时的厌恶所引发，他们总是倾向于认为所有的事情都应该以他们判断是最好的方式来展开，一旦情况不一样，他们就会有所惊奇，并感到愤怒，即使通常并没有什么事情特别与他们相关，这是由于他们具有很大的慈善之心，于是，他们关心自己喜爱的事物和关心自己的方式总是相同的。这样，对别人来说只是会有所愤慨的事情，则可能会令他们发怒。由于他们总是会去喜爱什么的性格使他们的心脏中充满了热量和血液，因此，他们突然感受到的厌恶就会推动不少的胆汁进入心脏，这首先就会在血液中引起一种很大的激荡。但是，这种激荡基本不会持续很久，因为惊讶的力量并不会继续增长，一旦他们意识到令他们不快的对象并不值得让他们这样激动时，他们就会感到后悔。

第二百零二条：那些灵魂比较懦弱低下的人最容易有第二种发怒。

另一种类型的发怒，其中的主导因素是恨和悲伤，这种发怒一开始并不怎么明显，只是可能会使人的脸色变得有点苍白。但是，它会随着那种由急切复仇的渴望而引发的血液的激荡而逐渐积蓄它的力量，这种被激荡的血液混合着那些被从肝脏下半部和脾脏驱动过来的胆汁，而在心脏那里激发起一种非常激烈和比较具有刺激性的热量。如果说那些最宽宏的灵魂总是最有感激之心的话，那么这些最傲慢、最卑微、最虚弱的灵魂则总是会陷入这种类型的发怒中，因为傲慢的人越是过于看重自己，就越是认为自己受到的侮辱很重，同样，他们越是看重自己被剥夺的好东西，就越感到自己受到了侮辱，而且，他们的灵魂越是虚弱和低下，也就越发重视这些东西，因为这些东西并不取决于他们，而是掌握在别人手上。

第二百零三条：我们可以用宽宏来对这些过分行为进行补救。

此外，尽管这种激情可以给予我们力量去回击那些侮辱，但是，也没有什么别的激情，我们必须要花极大的力气去避免过度地使用它们，因为，这种过度会影响我们的判断，从而常常会让人们犯下一些过后自己感到后悔的错误，甚至有的时候，我们本来并没有受到这些侮辱的多大影响，而这些过度却会妨碍我们去轻易地摆脱它们。由于没有什么比骄傲自大更会使人陷入过分的举动的了，因此，我相信宽宏是针对这些过度行为的最好的补救良药，因为，通过让人们很少地关注那些有可能被剥夺的好东西，相反去多多注意自己的自由和人们对自己的绝对掌控（要知道，当我们有可能受到别人的侮辱时，我们就会失去对自己的控制），像这样，宽宏就可以使人们在遭受侵犯的时候，不再过于愤怒，人们只会对那些别人通常会因之而感到发怒的侮辱投以些许的鄙视，至多也就有所愤慨而已。

第二百零四条：关于光荣。

我在这里所说的光荣是一种高兴，它以人们对自己的爱为基础，起因于一种人们希望得到别人的赞扬的想法或期望。光荣和内心的满足是不同的，内心的满足是源自于人们做了某件好的事情的想法。有些时候，人们会由于一些自己并不认为怎么好的事情而受到赞扬，又会为某些自己认为是更好的事情而受到责备。但是，光荣和内心的满足都属于人们对自己的重视，因此也都属于高兴的种类。光荣是一种因为自重而希望看到自己能受到别人重视的倾向。

第二百零五条：羞愧。

相反，羞愧是一种悲伤，它同样建立在人们对自己的爱的基础上，其起因则是人们这样的想法或担心，即担心自己会受到谴责。此外，羞愧也是一种稳重或谦逊，以及对自己缺乏信任。因为，当人们对自己非常看好，从而认为自己不会被别人鄙视的时候，人们也就不太会感到羞愧。

第二百零六条：这两种激情的用途。

光荣和羞愧在它们促使我们走向道德——其中光荣通过期望，羞愧则通过担心——时，它们的用途是一样的。唯一需要注意的是，在涉及那些东西确实应该被责备或确实值得赞扬的问题时，我们要好好训练自己的判断，以便不要像一些人那样对好好做事感到羞愧，而对不道德的事情却又比较满意。但是，像从前的犬儒主义者们那样完全地戒除这些激情是不可取的。因为，尽管老百姓的判断不怎么高明，然而，由于我们的生活中不可能没有老百姓，而且受到他们的尊重对我们来说还是很重要的，因此，在涉及我们的外在生活时，我们应该经常地追随他们的意见，而不是只顾我们自己的想法。

第二百零七条：关于厚颜无耻。

厚颜无耻或放肆，是对羞愧，通常也是对光荣的蔑视，它并不是一种激情，因为在我们身上没有任何特别的动物精气的运行可以导致这种结果，它是一种与好的羞愧、好的光荣正相反的罪恶，正如忘恩负义和感谢相反，冷酷和怜悯相反一样。厚颜无耻的基本原因是人们曾经几次遭受过很大的侮辱。因为，没有人在年幼的时候会认为赞扬是不好的，无耻是好的，在生活中，这要远比我们仅仅通过经验达成的相关认识更有分量。然而，当人们遭受了几次严重的侮辱后，看到自己完全没有得到任何人的尊重，总是受到别人蔑视时，他们就会变得有点厚颜无耻，他们会仅仅依据对自己身体的便利与否来判断事物的好坏，他们看到自己像这样厚颜无耻之后和之前的情况没有什么不同，甚至有时因为他们自己没有了因要顾及名誉而必须承载的负担，从而会感到更好，而且，如果好东西的丧失与他们的不幸相关，又碰巧有仁慈的人会给他们提供这些东西时，他们就更加放肆了。

第二百零八条：厌倦。

厌倦是一种悲伤，它和之前我们所说的高兴的起因是一样的。因为，对我们来说，情况总是这样的，大部分我们喜欢的事物实际上只是在一定时间内对我们是有益的，过后就会变的对我们不再适合。这种情况主要出现在人们吃喝的时候，当我们有食欲的时候，吃喝对我们是有益的，而当我们没有胃口的时候，吃喝就会有损于我们的身体，因为对味觉来说它们就不再是令人感到惬意的事物了，人们把这种激情称为厌倦。

第二百零九条：惋惜。

惋惜也是一种悲伤，它包含着一种特别的痛苦，它总是和些许失望以及对于之前我们曾经拥有的欢乐的记忆相连。我们只会对那些曾经带给我们欢乐的好东西感到惋惜，因为它们已经消失，以至于我们不会有任何的希望来重新抓住它们了，由此，我们就会感到惋惜。

第二百一十条：欢欣。

最后，我所说的欢欣是一种高兴，其特别之处在于，其甘美的感觉是由人们对于自己曾经遭受的不幸的记忆，以及这种记忆的削减而引发和加强的，就好像是人们感到长期背负在肩上的重担被搬走了一样。关于这三种激情，我觉得没有什么太值得需要注意的，我把它们放在这里，只是为了遵循我们之前所制定的列举顺序。但是，似乎对我来说，这种列举有助于让我们看到我们没有忽略任何一种值得我们特别思考的激情。

第二百一十一条：对激情的一般性补救方法。

现在，我们认识了所有的激情，相比之前，我们需要担心的东西要少很多了。因为，我们看到激情从其本性上来说都是好的，我们只需避免对它们进行不良的使用，或者说不要过度使用就可以了，为此，只要每一个人都按照我解释过的补救方式多加练习就足够了。但是，由于我在处理这些补救方法时有一个事先的考虑和技巧性的安排，人们通过这些，让自己多加练习去把血液、动物精气的运行和通常会与它们相连在一起的思维区分开来，就可以矫正自己本性上的缺陷了。我承认，很少有人会以这种方法做好准备来面对自己各种各样的遭遇，并且，那些被人们的激情对象在血液中激发起来的运动，它们一开始就会非常迅速地追随那些人们在大脑和相关的器官当中所具有的印象，尽管我们的灵魂并没有以任何方式来促使这种局面的发生，这样，如果人们没有足够的准备的话，就根本不会有什么人类的智慧可以抵制这种事情。正是这样，一些人在受到瘙痒时，尽管他并没有为此感到快乐，也会不能克制地笑起来。因为，在之前人们曾经为同样的原因而被逗笑过，于是这种曾经的欢乐和惊讶的印象现在就在想象中被唤醒了，这就使得人们的肺脏，不管人们自己愿不愿意，都会被由心脏运送过来的血液膨胀起来。于是，那些从本性上就易于受这种高兴，或者怜悯，或者害怕，或者生气等情感感染的人，就会难以自制地不能自主起来，或哭泣，或战栗，或血液沸腾，也正是以这种方式，当人们的想象被某种我们对之有激情的对象深深地触动时，就会变得狂热起来。但是，在这种情况下，针对所有这些过度的激情，人们经常能做的，而且在这里我认为能作为一种最一般，也是最适用的补救方法的，就是在人们感到血液像这样被激动起来时，就应该要注意了，人们可以去想象那些所有呈现在想象中的可能会欺骗灵魂的东西，以及所有那些显得有理性的东西，从而来让自己相信自己对一个对象的激情相对它们来说是过于强烈了，这样就可以让人们大大降低自己的激情程度。当这种激情让我们相信它的运作会延续一段时间时，人们就应该让自己在这段时间内不要做任何的判断，并且把注意力转移到别的想法上去，直到血液中的这种激荡被时间和休整完全削减为止。最后，当这种激情使得人们在当场就要做出行动决定时，这时，我们的意志就应该让自己主要去思考和追随那些与这种激情所代表的理由完全相反的想法，尽管它们显得不会太强烈。就像人们遭到某个敌人的突然攻击时，这样的处境根本不允许人们有时间去思考，但是，对我来说，似乎那些习惯于对自己的行动进行反思的人，总是能在他们感到害怕时，努力让自己不去思考那些危险，而说服自己说反抗比逃避更加安全，更会让自己有荣誉；相反，在他们感到有一种复仇的渴望和生气的情绪要使他们不假思索地冲向自己的敌人时，他们就会想到，如果自己能并不丢面子地躲开冲突，那么这样盲目地陷入死地就过于冒失了，而且如果双方的力量并不均等时，最好还是老老实实地撤退或者就地安营扎寨，而不是去把自己置于一个必死的境地。

第二百一十二条：人生命中的所有善恶都只与这些激情相关。

此外，灵魂可以自己拥有自己的快乐。但是与灵魂和身体都有所关联的快乐，就完全依赖于人们的激情了，这样，那些最受激情驱动的人也就能品尝到生活中最甜美的滋味。当然，在他们不知道如何掌控自己的激情，并且其命运也不佳时，他们也可能体会到生命中最苦涩的内涵。但是，在这里，智慧是很有用的，它可以教会人们去做自己激情的主人，并且巧妙地对它们加以安排和控制，这样，这些激情可能引发的不良后果，就变得完全可以忍受了，甚至人们可以从所有这些事情中感受到一种快乐。

译后记

《论灵魂的激情》是笛卡尔用法文写的,而且在笛卡尔去世之前就已经公开出版。因此,这里不存在从拉丁文翻译成法文而引起的内容和版本的差异问题(《第一哲学沉思集》就有这样的问题)。19世纪末由 Charles Adam 和 Paul Tannery 编辑的13卷权威版《笛卡尔全集》中所收录的《论灵魂的激情》,也与后来我们能见到的各种作品集中的或以单行本出版的《论灵魂的激情》的内容除了有极个别的字眼上的差异之外,并没有大的异同。

本书的翻译依据的是1990年由 Librairie Générale Française 出版社出版的《论灵魂的激情》的单行本,因此,并没有收录1649年出版的《论灵魂的激情》正文前的由一个不知名的朋友写给笛卡尔的两封书信,主要的原因在于这两封信的内容和正文的主题并没有太大的关联而且篇幅过长。

图书在版编目(CIP)数据

论灵魂的激情/(法)笛卡尔(Descartes,R.)著;贾江鸿译.—北京:商务印书馆,2013(2018.11 重印)
ISBN 978-7-100-09929-5

I.①论… II.①笛…②贾… III.①心身问题—研究 IV.①B089

中国版本图书馆 CIP 数据核字(2013)第 074184 号

权利保留,侵权必究。

论灵魂的激情

〔法〕勒内·笛卡尔 著

贾江鸿 译

商 务 印 书 馆 出 版
(北京王府井大街36号 邮政编码 100710)
商 务 印 书 馆 发 行
北 京 冠 中 印 刷 厂 印 刷
ISBN 978-7-100-09929-5

2013 年 10 月第 1 版	开本 787×1092 1/32
2018 年 11 月北京第 3 次印刷	印张 6⅛

定价:24.00 元